BRASIL
PARALELO

BRASIL

A ÚLTIMA CRUZADA

O LIVRO

LVM
EDITORA

Impresso no Brasil, 2022.

Os direitos desta edição pertencem à LVM Editora, sediada na Rua Leopoldo Couto de Magalhães Júnior, 1098, Cj. 46 • 04.542-001 • São Paulo, SP, Brasil • 55 (11) 3704-3782
contato@lvmeditora.com.br

Gerente editorial | Chiara Ciodarot
Editor chefe | Marcos Torrigo
Preparação de texto | Marcio Scansani
Copydesk | Chiara Ciodarot
Revisão ortográfica e gramatical | Mariana Diniz Lion
Revisão de redação | João Pedro Truzzi
Redação final | Magno Paganelli
Pesquisa histórica | Equipe Brasil Paralelo
Organização | Equipe Brasil Paralelo
Ilustrações | Equipe Brasil Paralelo
Diagramação | Decio Lopes

Dados Internacionais de Catalogação na Publicação (CIP)
Angélica Ilacqua CRB-8/7057

B83b Brasil: a última cruzada / Brasil Paralelo – São Paulo. LVM Editora, 2022.
192 p.

ISBN: 978-65-5052-038-0
ISBN: 978-65-5052-040-3 *(versão Brasil Paralelo)*

1. Brasil - História I. Título

22-4416 CDD 981

Índices para catálogo sistemático:
1. Brasil – História

"Reconquistar a memória é o primeiro passo
para reconquistar os rumos do próprio destino"

– *Brasil Paralelo*

SUMÁRIO

PREFÁCIO

A Batalha pela História do Brasil

Luiz Philippe de Orleans e Bragança

A história do Brasil tem sido feita por quem não gosta da própria história brasileira ou, ao menos, como ela de fato ocorreu. Essas pessoas não aceitam os fundadores do Brasil que, como pessoas reais, tinham defeitos e qualidades e, ainda assim, legaram uma nação. Mas não é de hoje que o Brasil vem travando uma batalha contra a mentira, a falácia, a tentativa de apagamento da sua própria história, do seu passado. Narrativas que tentam transformar heróis em vilões, perverter os fatos e transformar em ficção eventos importantes, além de dar ares de realidade a ficções históricas.

Esse obscurecimento da história brasileira precisa ser combatido a cada dia através da memória, da lembrança, pois esquecer é empobrecer, é perder raízes, é deixar ser manipulado. E é exatamente contra isso que surgiu o documentário *Brasil: a Última Cruzada*, da Brasil Paralelo, agora transformado em livro.

Partindo dos conflitos das Cruzadas e da Ordem dos Templários, e como o fato de Portugal tê-los abrigado ajudou a desenvolver a pequena nação europeia, impulsionando-a a cruzar os mares e conquistar territórios e, por consequência, a achar o Brasil, tanto o documentário quanto o livro nos carregam por uma descoberta histórica da nossa própria raiz brasileira, iniciada com tons de esperança. Não se lança um pequeno barco repleto de pessoas através de um oceano desconhecido para encontrar um pau-brasa vermelhinho. É para encontrar a terra prometida, abençoada. Isso é fator motivador dos grandes descobrimentos, inclusive da corrida espacial. É a base da vontade, o élan do negócio. Não é coisa pequena, assim como não foi o encontro com as tribos indígenas que aqui estavam há séculos.

Passando pela Revolução Francesa e suas consequências, os contornos que trouxe à história, como a retirada estratégica de Dom João VI (1767-1826) para o Brasil e, a partir disso, os treze anos da construção das bases de uma nação aos moldes europeus, chegamos a Dom Pedro I (1798-1834) e Dona Leopoldina (1797-1826), a dupla que faria a Independência. A Brasil Paralelo não deixa perder o motivo da aclamação de Dom Pedro I: legitimidade. Um princípio de ciência política que a gente desobedece, como país, sistematicamente. A independência foi feita por ele, que detinha o poder legítimo para ser o governante. Sem ele, o que que aconteceria: Portugal ia imediatamente reconquistar o Brasil. Ainda assim, houve batalhas para assegurar o território nacional, pois tinha portugueses espalhados pelo Brasil, e muitos desses se rebelaram imediatamente contra o intento da separação.

Explicam-se coisas importantes para nosso entendimento como nação, como os quatro Poderes, entre eles o mal-entendido Poder Moderador que, ao contrário da falácia de considerá-lo ditatorial, moderava as ações dos demais Poderes, limitava-os para que não se tornassem ditatoriais. José Bonifácio certa vez disse: "o brasileiro será o novo ateniense, se não cair na tirania de Estado". O patriarca da Independência via essa grande possibilidade, o potencial do Brasil, sobretudo quando comparado com as tiranias republicanas que se fizeram no México, na Argentina, no Peru e em outros países, e os grandes massacres que aconteceram.

Sem perder o rumo, segue-se pelos anos do Brasil Império, e acaba-se com a ideia da família imperial como a mais rica e escravagista, falácias do regime republicano. Havia brasileiros mais ricos do que os monarcas, pois havia um grande sucesso econômico. Nós tivemos uma economia pujante ao final do século XIX e a Brasil Paralelo não nos deixa esquecer. Havia uma Marinha mercante vastíssima e admirável, um sistema político de respeito. Vivíamos a verdadeira *Belle Époque* brasileira, o que muitos querem apagar e cujo documentário e livro não permitem desvanecer.

Nessa batalha pela verdade, é preciso deixar a chama da memória acesa para que a escuridão da ignorância não destrua tudo e encegue o brasileiro. Ainda que não se concorde – ou goste, ou aceite – com os rumos tomados ao longo da nossa história, ela é nossa e faz parte de quem somos hoje. Apagar isso é apagar o Brasil.

INTRODUÇÃO

A compreensão do conceito de sociedade que é bastante utilizada hoje vem de Max Weber (1864-1920). Weber é considerado um dos pais da sociologia moderna, para quem a ideia de sociedade estava intimamente ligada às relações que são estabelecidas entre diferentes sujeitos que coexistem, de modo que as suas ações individuais contem para a composição, ajustamento e configuração do agrupamento social.

Assim como a biografia de um indivíduo não pode ser contada desconsiderando a história de seus ancestrais, uma vez que somos fruto e resultado de uma longa história, e o legado entregue por estes ao biografado modelam a sua trajetória, a história da nossa pátria não pode ser compreendida separadamente daquela pátria que a concebeu e a gestou há cinco séculos, bem como dos muitos povos, culturas e fatores sociais que foram implantados neste solo. Desse modo, as raízes da nossa identidade, vocação e situação atual deverão ser buscadas e recontadas a partir de acontecimentos que tiveram ocasião há muitos anos, a milhares de quilômetros daqui, no velho mundo, bem como nas profundezas do oceano, que testemunharam as navegações que para cá trouxeram todos aqueles que construíram o novo país que surgia.

Neste mergulho rumo às origens mais remotas da sociedade brasileira, desde o seu momento mais pristino, vão sendo borradas muitas das linhas e traços que separam os diferentes mitos da realidade, e também a história das lendas que se acumularam em torno dos acontecimentos pouco conhecidos, e que o tempo tem se encarregado de revelar.

O nevoeiro dos séculos e as crenças dos antigos embaçam para a maioria das pessoas a possibilidade de enxergar a história, ainda que um vislumbre dela, para que sejam preenchidas lacunas em sua linha do tempo. Os acontecimentos que juntos formam o curso do tempo vão deixando para trás algumas verdades ora esquecidas, entre as quais peças chave para o entendimento do presente. Por outro lado, vão surgindo novas descobertas que a investigação tem se encarregado de nos contar. Por força do trabalho de homens lúcidos e de muita pesquisa, essas, de alguma forma, podem ser resgatadas, porque estão marcadas no solo, nos escritos e na memória dos homens que já viveram e deixaram sua parcela neste legado.

Essa é a história que vamos contar: de um povo que ultrapassou os limites geográficos impostos pelos oceanos e disputou, palmo a palmo contra o vento e as águas, os rumos do seu próprio destino, e que assim fez dele um caminho para um novo mundo, o mundo em que vivemos, e deu à luz um novo povo num novo país.

1.
A Cruz e a Espada

1.1. CIVILIZAÇÃO OCIDENTAL

Assim como todo conceito sociológico, a ideia de civilização é objeto de diferentes definições. Pensadores, como o historiólogo alemão Oswald Spengler (1880-1936), considerou uma civilização como a fase consolidada de uma grande cultura, quando reunia complexidade intelectual e social e envelhecia, isto é, formava certa tradição que a identificava e distinguia de outras. Arnold J. Toynbee (1889-1975), o conhecido historiador inglês, interpretou a "história mundial como uma sucessão de unidades culturais", designando "cada uma das unidades primárias, através de todo o seu desenvolvimento, pelo termo de 'civilização'"[1].

O professor de história da *Rutgers University*, Edward McNall Burns (1897-1972) considera outros aspectos na sua definição:

> Dizemos, pois, que uma cultura merece o nome de civilização quando atingiu um nível de progresso em que a escrita tem largo uso, em que as artes e as ciências alcançaram certo grau de adiantamento e as instituições políticas, sociais e econômicas se desenvolveram suficientemente para resolver ao menos alguns dos problemas de

---

1 BURNS, Edward McNall. *História da Civilização Ocidental, do homem das cavernas até a bomba atômica.* Porto Alegre: Editora Globo, 1977, p. 27.

> ordem, segurança e eficiência com que se defronta uma sociedade complexa".[2]

Nessa perspectiva, a história intelectual e social do Brasil é pouquíssimo valorizada, de modo que historicamente temos recebido e contabilizado aquilo que chega a nós vindo de fora e dado algum destaque aos aspectos geográficos das nossas belezas naturais. Mas sendo o Brasil um país continental, que recebeu uma rica herança vinda do Velho Mundo, por que não exaltamos esse importante patrimônio? Para Thomas Giulliano Ferreira dos Santos, a "melhor solução para o Brasil é dar um pouco de Brasil para as pessoas", mas desse Brasil humano, feito por nós, brasileiros, uma vez que "é comum encontrarmos no nosso dia a dia pessoas salientando as belezas naturais do Brasil, pouquíssimas vezes encontramos pessoas salientando as belezas humanas do Brasil".

No entanto, "não se pode celebrar mais os heróis nacionais, porque os heróis nacionais são parte da ideologia dominante. Então, você faz a apologia do território, dos bichos e dos índios etc., etc., e os heróis desapareceram. A apologia do território separada da apologia daqueles que a conquistaram não faz o menor sentido", diz o filósofo Olavo de Carvalho (1947-2022). O jornalista Percival Puggina concorda que "Todos eles [personagens nacionais e o próprio povo] enfrentam uma crise de identidade, porque não sabem quem são, não sabem de onde vieram, não conhecem toda a sua história. E sonegar essa história a um povo, sonegar essa história a uma nação, é um ato perverso", porque cria um ambiente social e nacional falso, cuja realidade dos fatos está mascarada, oculta propositadamente, com a finalidade de se atingir outros objetivos que não aqueles percebidos pelo povo.

---

2 *Ibidem*, p. 28.

Mas a história, uma vez que nos é apresentada desde os bancos escolares, é a própria identidade nacional, porque se reproduz desde a mais tenra idade num imaginário que se torna coletivo. Identidade nacional, portanto, "é a memória coletiva de feitos realizados em comum que dão às pessoas um senso da retaguarda de suas próprias vidas, da origem dos seus valores, sentimentos etc.", como define Olavo de Carvalho.

Nós, seres humanos, não fomos feitos como seres primordiais tal qual um novo Adão no paraíso, que num dia é criado e a partir disso deve se fazer a si mesmo, construindo sua própria experiência e deixando uma história pessoal. Ao contrário, "de todas as espécies de animais, aquela que mais depende do aporte da geração anterior é o ser humano". Olavo de Carvalho acrescenta:

> Todos os instrumentos de que ele vai dispor para lutar pela sua vida, para fazer a sua vida, ele recebe de um negócio chamado cultura. Então, a cultura é o conjunto dos bens intelectuais acumulados. Se [esse legado] não é passado para ele, [esse sujeito] não sabe[rá] onde está. Ele [está] perdido no espaço e no tempo.

Há um conceito que transita próximo ao conceito de história, que é a ideia da memória. Diferente da história, que é aquilo que se conta sobre fatos, eventos, acontecimentos, pessoas etc., a ideia de memória é pessoal, é aquilo que alguém viveu, não que ouviu falar que aconteceu. Dizemos que a memória vem da experiência vivida e a história vem do que foi transmitido por terceiros. "Quando [se] amplia a memória pela história, você se sente não mais um ser que nasceu, digamos, há uma década, duas décadas, três décadas. Você se sente um ser ligado à humanidade. Você é um ser humano e você faz parte dessa história inteira", diz Rafael Nogueira, professor de história e filosofia. E completa, referindo-se à identidade nacional: "Na medida em que vamos aprendendo [...] aprendendo a participar do mundo e herdando esses valores civilizacionais, a história está entre [esses valores e], nós vamos desenvolvendo cada vez mais a nossa capacidade de afirmar aquilo que em nós é único".

⋄ ◆ ⋄

Comparada à história da humanidade, a história do povo brasileiro é a história de um povo jovem. Somos tão jovens diante dessa enorme herança que às vezes nos esquecemos do que nos permitiu chegar aqui e viver do modo como vivemos e fazer as coisas como fazemos.

Há trinta mil anos, os nossos antepassados mais distantes no tempo tentavam dizer alguma coisa para as futuras gerações quando faziam pinturas rupestres nas rochas. Aquelas são as primeiras mensagens que temos de nossos ancestrais.

A vida era difícil e como espécie humana, lutávamos muito para sobreviver.

Os humanos não sabiam onde estavam, se considerarmos a herança humana a ser deixada para as futuras gerações. Imprevistos e intempéries, como animais selvagens que ameaçavam e o frio faziam parte de um dia a dia incompreendido. O mundo era um lugar aberto, misterioso e desconhecido, onde a chance de sobrevivência do humano em meio ao primitivismo predominante parecia baixa. Alguns de nós fizeram o que parecia impossível e improvável: passaram a observar o mapa do céu e aprenderam a enxergar o futuro quando olharam para as estrelas e puderam prever o clima e a migração dos animais.

Graças a essa incrível descoberta, a humanidade chegou a uma oportunidade única: entender o ambiente à sua volta. Deixamos de coletar sementes e começamos a plantar, domesticamos animais e estabelecemos um lar fixo, deixando para trás a vida nômade.

Pela primeira vez na história, nós humanos paramos de fugir e já não passávamos fome: tínhamos mais do que podíamos carregar e então a nossa vida se concentrou em torno do trabalho local e da produção para o próprio sustento.

Não demorou muito até que a escrita nasceu para mudar a nossa história. Decidimos registrar as ideias e os acontecimentos cotidianos. Era uma forma que encontramos de transcender o medo da morte: registrando as experiências da vida.

Enviar às gerações do futuro os nossos pensamentos, expressar as nossas crenças e as nossas experiências passou a ser possível. Foi quando começamos a reunir e deixar como herança o conhecimento da humanidade e este começou a se acumular.

Foi isso que nos levou de caçadores a filósofos, de fugitivos a arquitetos.

E, como bem definiu o professor Edward McNall Burns, citado há pouco, nascia uma civilização, à medida que atingimos um novo nível de progresso, passamos a usar com maior frequência a escrita, aprimoramos as artes e começamos a compreender as ciências.

Desenvolvemos o conceito de ética, para melhorar e aperfeiçoar a convivência nas diferentes sociedades, vieram as leis e o júri para aperfeiçoar a justiça no ajuntamento social e constituir uma família passou a fazer parte da nossa tradição de levar a humanidade adiante e avançarmos todos juntos num propósito mais amplo.

Hoje, quando vivemos o dia a dia no século XXI, desfrutamos desse legado construído há milhares de anos, por milhões de outros seres humanos. A filosofia grega, o direito romano, a moral judaico-cristã e a experiência acumulada de nossos ancestrais fazem parte de nós e essa é a herança que chamamos de *Civilização Ocidental.*

Se hoje os grandes territórios estão divididos em países, cada um com idiomas e regras estabelecidas, é preciso considerar que nem sempre foi assim. Neste longo caminho histórico-geográfico-temporal, cada povo deu a sua contribuição colocando uma pedra na pavimentação da estrada que hoje trilhamos.

Milenarmente, a terra que hoje abriga Portugal era considerada "o fim do mundo" por estar na extremidade do continente, no limite terrestre do conhecido. A fronteira com o oceano desconhecido sempre foi atraente e cobiçada. Diversos povos viveram na região até verem a ascensão do Império Romano e a entrada das tribos germânicas dos suevos e dos visigodos.

Os visigodos formaram cidades na Europa ocidental e durante três séculos ocuparam grande parte da Península Ibérica, preservando e absorvendo a cultura de seus antepassados.

E o que isso tem a ver com o nosso país? Aquela cultura veio parar no Brasil. Como isso aconteceu? O que as guerras entre diferentes visões de mundo têm a ver com a nossa história?

Para enxergar melhor o presente, precisamos voltar um pouco no tempo, até por volta do ano 700, quando surgiu a fé muçulmana e rapidamente se espalhou pelo Oriente Médio e norte da África.

1.2. INTRODUÇÃO AOS MUÇULMANOS

A fé islâmica nasceu em Meca, na Arábia Saudita, com a pregação e os esforços de Maomé (571-632), um pregador que afirmava ter recebido a revelação de Deus e considerou-se um enviado à humanidade. Nessa revelação foi dito que a sua missão pessoal seria resgatar os ensinamentos trazidos por profetas como Moisés, Abraão e Jesus, mas que com o passar do tempo teriam sido distorcidos por seus sucessores. Maomé juntou adeptos, pessoas próximas que, após a sua morte, compilaram os ensinamentos que transmitiu oralmente num livro chamado Alcorão. Esse é o livro que, juntamente com a tradição *sunna* e as leis *sharia* embasam a fé islâmica e discordam das crenças judaicas e cristãs.

Os muçulmanos também criaram o conceito de *jihad*, a chamada "guerra santa", para manter o Islã pleno dentro de si e levá-lo ao maior número possível de pessoas e culturas. Desta forma, tentaram alargar os horizontes do território muçulmano. Inicialmente, tomaram o Oriente Médio e o norte da África para, depois, entrarem na Europa pela fronteira ocidental.

A estratégia usada foi longa na duração e rápida na conquista. Os muçulmanos precisaram de menos de uma década para dominar a maior parte da Península Ibérica. A invasão começou no ano 711 e três anos depois aqueles "soldados da fé" já habitavam a maior parte da Península Ibérica. É curioso e notável que essa ocupação foi incentivada pelos mesmos povos que habitavam a região.

Os visigodos viviam envolvidos em disputas internas e, por causa dessa rivalidade, uma facção de visigodos pediu ajuda de um líder muçulmano do norte da África, que não só atendeu o pedido como deu-se conta da riqueza do território e aproveitou para tomá-lo para si.

Como considera o pesquisador Rafael Vitola Brodbeck, a entrada dos muçulmanos pela Península Ibérica foi muito rápida. As tropas entraram por Gibraltar, vindas do Marrocos e chegaram até a Espanha. Pouco a pouco, as vilas da região foram conquistadas. Os muçulmanos tomaram as cidades e aos poucos a península foi conquistada quase que totalmente.

O Islã se expandiu até a Lusitânia, até onde hoje é Portugal. Os cristãos escaparam das investidas islâmicas fugindo para o alto das grandes montanhas, no norte da Península Ibérica. Lá estabeleceram o chamado reino das Astúrias e aclamaram Dom Pelágio (c. 685-737) como seu novo rei. Foi nas Astúrias que se formou o mais notável foco de resistência ao Islã, notadamente uma resistência formada por cristãos e liderada por Dom Pelágio.

Os muçulmanos tomaram o rumo do leste e prosperaram na conquista da Europa, até se depararem com o reino franco. Uma tropa de 50 mil soldados mouros treinados e vindos de uma sequência de vitórias cruzou a fronteira para atacar os francos. Era o prenúncio do fim do Ocidente enquanto civilização, já que a civilização islâmica avançava incontida.

Carlos Martel (690-741), comandante do exército franco, sabia ter nas mãos a história de uma civilização para defender, mas praticamente nenhum soldado ao seu dispor. Ele, então, convenceu a Igreja a financiar o treinamento de cavaleiros, estudou as formações dos antigos soldados gregos de resistir pela disciplina e a aceitação de morrer pela causa. Carlos Martel passou um ano inteiro treinando bárbaros que nunca tinham sido soldados, para que pudessem enfrentar um exército maior e mais poderoso.

No dia 10 de outubro de 732, milhares de soldados estavam na linha de frente de uma guerra santa. Foi na batalha de Poitiers que Carlos Martel fez lembrar os antigos espartanos, na sua resistência e coragem, saindo vitorioso sobre os exércitos mouros. Para a maior parte dos historiadores, essa seria a última chance de resistência para que o Ocidente sobrevivesse como civilização.

Uma descrição árabe da batalha diz o seguinte: "E no abalo da batalha os homens do norte pareciam um mar que não podia ser movido. Eles permaneciam com determinação, um junto do outro, numa formação que era como um castelo de gelo; e com grandes golpes de suas espadas derrubavam os árabes".

A vitória de Carlos Martel e seus soldados em Poitiers significava um suspiro de esperança para os inimigos do Islã. Com isso, o reino das Astúrias começou o processo de reconquista do território antes dominado pelos muçulmanos. Em 722 aconteceu outra grande batalha, a batalha de Covadonga. A batalha de Covadonga foi considerada o marco inicial da reconquista cristã da Península Ibérica e da soberania cristã na Europa.

Os soldados de Dom Pelágio não estavam mais defendendo a si mesmos nem fazendo pequenas guerrilhas, mas se defrontando diretamente com o inimigo num processo de expansão e reconquista do Reino das Astúrias.

Os mouros tinham conquistado a Espanha. Era hora de reconquistar o território perdido e Covadonga se tornou um evento importantíssimo para a cultura católica espanhola. Por causa dessa batalha, Dom Pelágio foi considerado um grande herói, não só porque resistiu e se organizou nas Astúrias, mas porque foi o herói ao sair vencedor em Covadonga.

Outras batalhas e guerrilhas foram travadas depois disso e vencidas pelos asturianos, especialmente pelo moral que adquiriram na vitória em Covadonga.

Hoje, traços da presença islâmica na região são notáveis nas culturas locais. O professor Rafael Nogueira lembra que ao observar uma sociedade islâmica, nota-se "tudo diferente". Em certo sentido, os valores são diferentes dos cristãos. "E Portugal passou um tempo por domínio islâmico", de modo que é possível perceber que alguns valores islâmicos ficaram na cultura portuguesa.

Essa influência é notável não somente na linguagem, uma vez que palavras do nosso idioma que iniciam com "al", são de origem árabe, como alface, algodão, alambique e muitas outras. Alguns dos valores daqueles povos estão entremeados em nossa cultura. Por exemplo, quando observamos uma organização militar de natureza cristã, ela considerava mais o individualismo de um cavaleiro querendo se tornar digno, querendo se destacar e se auto sacrificar por uma causa maior no campo de batalha. Já os muçulmanos, tinham uma visão mais coletivista, mais organizada. Nisso, Portugal e Espanha aprenderam e fundiram o heroísmo cristão individual às técnicas islâmicas de conquista por esforço coletivo.

⬩◆⬩

Passavam-se quatro séculos desde que os muçulmanos tomaram a cidade de Jerusalém. Uma vez conquistada a cidade, os muçulmanos impediram os peregrinos cristãos de visitarem o túmulo de Cristo, o ápice da jornada espiritual daqueles que vinham dos territórios cristãos, especialmente da Europa. Por um tempo, a vida ocidental, impedida que foi de expressar sua fé, parecia ter sido derrotada por sarracenos e sem maiores esperanças.

Em uma crônica, o Arcebispo Guilherme de Tiro (c. 1130-1185), escrevendo quase um século depois, assim retratou aqueles dias:

> Em cada volta que dá a Terra, a fé deixa de existir. O temor ao Senhor não mais prevalece entre os homens, a justiça desapareceu do mundo e a violência toma conta das nações. A mentira, a traição e a perfídia pairam sobre nós. A virtude não existe mais e hoje é algo sem valor, o mal reina em seu lugar.[3]

A Terra Santa, o destino das pessoas de fé que partiam da Europa, a presença dos muçulmanos incomodava pelo fato de estarem ocupando um território onde a memória judaico-cristã estava presente e onde os valores da cristandade foram gestados para o mundo.

Em uma decisão sem precedentes, o Papa prometeu um lugar no céu para as almas daqueles que aceitassem marchar até Jerusalém e reconquistar a Terra Santa para os fiéis cristãos. Para o Papa, aquela seria a oportunidade perfeita para unificar os cristãos ocidentais e orientais, divididos desde o Grande Cisma em 1054 e colocar a Igreja latina de Roma, novamente, no centro do cenário político mundial. Se não era possível viver em paz na Europa, o povo decidiu buscar uma vida melhor neste mundo – ainda que em outra região, ou no próximo, caso morressem no campo de batalha.

Estava inaugurada a Era das Cruzadas! Agora, milhares de cristãos vindos de toda a parte da Europa marchavam rumo à Terra Santa a fim de retomar Jerusalém das mãos dos seguidores de Maomé.

O que foram as Cruzadas? Para o filósofo Olavo de Carvalho, as Cruzadas "foram uma resposta parcial e tardia à maior agressão que a Europa já havia sofrido".

---

3 O autor não era vivo quando as Cruzadas tiveram início. A descrição é rica, e dá a entender que se trata de um relato da época, escrito por uma testemunha ocular de uma Europa em frangalhos, o que não é verdade. *A History of Deeds Done Beyond the Sea*, Introduction; Chapter VIII. William, of Tyre, Archbishop of Tyre, c. 1130-c. 1190; Babcock, Emily Atwater; Krey, August C. (August Charles), 1887-1961. (N. E.)

A despeito de tudo o que se diga sobre as Cruzadas, elas foram um grande sucesso no início, uma vez que os cruzados conseguiram expulsar os exércitos inimigos da Terra Santa e libertar Jerusalém e os demais pontos de peregrinação para que os católicos europeus pudessem exercer a sua fé com liberdade.

Com a Terra Santa reconquistada, as massas de peregrinos puderam retomar suas peregrinações de fé marchando em busca da paz espiritual e de experiências pessoais com o sagrado. Mas o caminho até Jerusalém era para poucos. Além de frequentes assaltos numa viagem solitária e arriscada, havia constantes ataques de muçulmanos ao longo do percurso, inconformados com a perda do controle da região. Se não foi possível resistir aos cruzados, os muçulmanos não se deram por vencidos e colocavam em risco real a vida dos peregrinos que faziam suas jornadas sem o espírito bélico, nem tampouco andavam armados.

Então, a fim de proteger os cristãos nessa jornada, começam a se formar diversas ordens militares para acompanhá-los na viagem.

Grupos de nobres começaram a se reunir e formarem ordens, com perfil militar, visando proteger os peregrinos em suas caminhadas. Entre essas ordens estava a Ordem dos Templários ou Cavaleiros do Templo (do Santo Sepulcro), formadas originalmente por nobres da França. Outras ordens foram a dos Cavaleiros Hospitalares ou Cavaleiros de São João de Jerusalém, a dos Teutônicos, uma ordem exclusivamente alemã, entre outras.

Algumas dessas ordens, como a dos Cavaleiros Templários, foram reconhecidas oficialmente pelo Papa, recebendo isenções de impostos e privilégios, como o poder de se comunicar e se reportar diretamente ao Papa. Ao serem admitidos como cavaleiros, deviam jurar viver em castidade e pobreza, serem obedientes ao Mestre do Templo e nunca recuar em campo de batalha. As ordens conquistaram grande popularidade e cresceram rapidamente, tanto em membros como em poder.

Nobres proprietários de terras que ingressaram nas ordens e não retornavam para a Europa tiveram suas terras vendidas para os camponeses. A Europa abriu-se para novas ideias vindas do Oriente, como a arte, a filosofia, a ciência e a literatura árabes, trazidos por aqueles que venciam as batalhas e retornavam para o seu povo.

No período, houve um incremento do comércio e novas rotas comerciais para transporte dos bens de consumo, como seda, especiarias, perfumes do Oriente, além do crescimento das cidades devido à nova configuração social que surgia.

Para defender as riquezas dos peregrinos durante as Cruzadas, as Ordens criaram o mecanismo de depósito e saque, que se tornou o embrião do sistema bancário. O mecanismo funcionava como um meio de proteger os recursos destinados à sobrevivência durante a peregrinação. O peregrino fazia o depósito aos cuidados dos cavaleiros na região de origem e recebia a quantia devida quando chegasse à Terra Santa, podendo viajar com a certeza de que, em caso de assalto, não ficaria de todo desprotegido.

Além disso, o Papa havia concedido aos cavaleiros a posse dos bens que pudessem conquistar dos inimigos, de modo que algumas ordens enriqueceram com esse empreendimento. E nesse ponto, conforme avalia Luiz Philippe de Orleans e Bragança, cientista político e deputado federal, "a ordem poderia ajudar muito esse novo exército que estava se formando. Poderia ajudar muito na constituição de Portugal". Ainda no início do movimento, os Templários ajudaram Portugal a expulsar os mouros e trouxeram certa estabilidade para o país.

Foi nesse contexto que se deu o que entrou para a história como o milagre de Ouriques.

Em uma das incursões que os cristãos faziam nas terras tomadas por mouros, um pequeno exército comandado por Afonso Henriques (c. 1106 ou 1109-1185) foi surpreendido e encurralado pelos muçulmanos. O conflito era inevitável e a chance de sobrevivência era quase inexistente. Historiadores dizem que o exército mouro era dez vezes superior aos portugueses[4].

Segundo a tradição portuguesa, foi nesse momento que o comandante do exército português, Afonso Henriques, diz ter contemplado uma visão em que Cristo apareceu a ele e profetizou a sua vitória, entregando ao militar a missão de espalhar a fé pelos quatro cantos do mundo. Logo depois disso, Afonso Henriques e seus homens venceram a batalha e ele foi aclamado o primeiro rei de Portugal.

Se tudo o que se diz sobre esse episódio é fato ou lenda, o milagre de Ourique marcou de tal forma o imaginário português que se tornou presente na bandeira de Portugal. Por conta dessa vitória, diz-se que Dom Afonso Henriques ordenou que a bandeira portuguesa tivesse cinco escudos ou quinas, em forma de uma cruz, representando os cinco reis vencidos e as cinco chagas de Cristo.

A Batalha de Ourique também contribuiu para que o espírito aventureiro dos portugueses nos próximos séculos fosse revigorado.

1.3. FILIPE IV, *O BELO*

Os reinos em que o continente europeu estava dividido se digladiavam em constantes conflitos, em busca de expansão territorial. As fronteiras, portanto, eram frágeis. Na França, o rei Filipe IV, *o Belo* (1268-1314), queria ampliar seus domínios a qualquer custo e se fortalecer para, a qualquer momento, poder enfrentar a Inglaterra. A fim de equipar-se, era preciso recursos. Por isso, teve uma ideia tão ousada como inédita: cobrar impostos da Igreja. A retaliação foi rápida e o monarca foi excomungado pelo Papa.

Filipe, *o Belo*, não se intimidou com a excomunhão e ampliou a campanha difamatória contra o chefe da Igreja, Bonifácio VIII (c. 1235[1294-1303]), além dos apoiadores de Filipe promoverem

4 Há dúvidas em relação ao tamanho do exército mouro. A princípio, não era tão numeroso quanto foi descrito pelos primeiros cronistas da Batalha de Ourique, mas parece consenso de que era maior que o dos portugueses. (N. E.)

uma perseguição violenta contra o pontífice. Bonifácio VIII foi atacado e feito prisioneiro por forças leais ao rei, mas três dias depois a população local acorreu para libertá-lo, e Bonifácio conseguiu retornar para a sua sede, em Roma. A fragilidade de sua saúde, agravada pela experiência por demais dura, o levou à morte um mês depois[5]. O Papa que o sucedeu também morreu em menos de um ano, de causas até hoje desconhecidas[6].

Filipe conseguiu eleger Papa o arcebispo de Bordéus, que assumiu como Clemente V (1264-[1305-1314]) e transferiu a sede do papado para a cidade de Avignon, no sul da França, onde permaneceu por mais de setenta anos sob o controle do rei da França.

Ao assumir como Papa, Clemente V reverteu as decisões da Igreja em favor de seu rei. Na ânsia por poder, Filipe IV continuou expropriando judeus e bancos, gerando inflação, dando calotes e fazendo imensas dívidas. A população se revoltou com a imensa crise e o rei recorreu à Ordem Templária, que lhe emprestou dinheiro para pagar suas dívidas. Mas o empréstimo foi indevido. O dinheiro em caixa deveria ser usado apenas para apoiar as Cruzadas e, quando soube do fato, o Grão-Mestre da Ordem, Jacques de Molay (1245-1314), expulsou o tesoureiro, abrindo um cabo de guerra com o rei francês.

Filipe, *o Belo*, usou a mesma estratégia novamente: deu início a uma campanha difamatória, agora contra os Templários, usando o Papa que estava sob seu domínio a fim de proibir a Ordem Templária e confiscar os seus bens. Na noite de sexta-feira, 13 de outubro de 1307, centenas de cavaleiros templários, por toda a França, foram capturados pelos soldados

---

5 STREFLING, Sérgio Ricardo. "A disputa entre o Papa Bonifácio VIII e o Rei Filipe IV no final do século XIII", in: *Teocomunicação*. Porto Alegre, v. 37, nº 158, dez/2007, p. 533-34.

6 Bento XI (1240-[1303-1304]). (N. R.)

do rei e, segundo alguns relatos, eles foram sujeitos a torturas para que confessassem seus crimes.

Até hoje não temos todas as conclusões sobre essa história, mas, para muitos, a data seria o motivo da superstição de sexta-feira 13 ser um dia sombrio.

1.4. A ORDEM DE CRISTO

Após a prisão dos templários na França, o Papa Clemente V solicitou a Dom Dinis (1261-1325) que fizesse o mesmo com os Templários portugueses, mas o rei não atendeu ao seu pedido. A firme atitude do rei de Portugal levou o Papa a incluir uma cláusula em sua bula, abrindo exceção para Portugal e seus aliados sobre a transferência dos bens da Ordem.

Este corpo de elite resolvia uma necessidade vital para a consolidação e o fortalecimento do Estado português. Entrosado com a esfera política da Coroa, alargaria os horizontes do Reino, conduzindo a expansão de Portugal pelos mares.

1.5. A REVOLTA DE AVIS

A vida política em Portugal, porém, não seria tranquila, pois os herdeiros de Dom Afonso Henriques não perpetuaram o governo da dinastia Afonsina. Ao mesmo tempo, tanto no continente como em seu poderoso vizinho, surgiram tempos difíceis. Mais uma grande guerra eclodiu entre a Inglaterra e a França, conhecida como a Guerra dos Cem Anos (1337-1453). Na ocasião, muitos reinos se dividiram, dependendo do lado que apoiavam.

Em 1383, o último rei da dinastia Afonsina morreu sem deixar herdeiros. Dom Fernando I (1345-1383), que havia tentado invadir o reino de Castela três vezes durante a Guerra dos Cem Anos, perdendo em todas as tentativas. Na última, aliás, foi obrigado a se casar com a princesa de Castela a fim de estabelecer a paz. A ausência de descendentes reais lançou Portugal em uma séria crise monárquica. Uma eventual união entre os reinos poderia ser desastrosa para a economia portuguesa. Castela ainda vivia sob uma economia feudalista, ao passo que os portugueses já apresentavam o desenvolvimento de uma proto-burguesia, um avanço que logo situaria a nação como a mais poderosa do mundo então conhecido.

O conflito só teve fim em uma guerra armada quando, em 1385, Dom João, o Mestre de Avis (1357-1433), enfrentou tropas castelhanas na batalha de Aljubarrota e foi proclamado o novo rei de Portugal.

1.6. O NAVEGADOR

Nenhum dos filhos da ínclita geração se destacou mais do que o Infante Dom Henrique, *o Navegador* (1394-1460). Portugal foi e continuava sendo a extremidade ocidental da Terra, o "fim do mundo" conhecido pelos europeus, com a forte crença de ser impossível navegar no Oceano Atlântico. Tamanho obstáculo costumava ser atribuído à vontade divina e parecia ser uma impiedade a mera audácia de se aventurar por aquelas águas.

Um dos mitos mais influentes na época era a história de São Brandão (c. 484-c. 577), monge irlandês. Segundo relato bastante popular a partir do século X, ele teria navegado pelo Atlântico Norte, descobrindo várias terras fantásticas e paradisíacas. Com a Europa imersa no caos, a ideia de haver uma ilha em paz para além do oceano visível trazia esperança aos povos. Esses lugares apareciam nos mapas antigos, incluindo uma ilha chamada Hy-Brazil, que significava "terra grandiosa"[7] e pode ter influenciado a escolha do nome do nosso país.

---

7 A palavra "Brazil" é uma corruptela de "Breasal", um deus da mitologia irlandesa, e seu significado é "poderoso", "grandioso", "bonito". "What Is Hy Brasil?", *History Ireland*, Volume 16, Issue 4 (Jul/Aug 2008).

Procurar a Ilha Brazil, Antilha, o Purgatório ou Atlântida não era mais fantasioso do que procurar a China, a Índia, o Japão ou as Américas, ainda totalmente desconhecidas.

Pouco a pouco, feitos impressionantes tiveram ocasião. Primeiro, foram ultrapassados lugares nunca visitados. Depois, descobertas pequenas ilhas. Em 1420, o Infante Dom Henrique foi nomeado Administrador Geral da Ordem de Cristo, cujos amplos recursos e os imensos privilégios acumulados seriam bem aproveitados nas navegações. Muitos de seus cavaleiros foram transformados em navegadores, assim como os navegadores, em cavaleiros.

Enquanto as navegações progrediam, nem tudo estava tranquilo no continente europeu. Havia riscos de conflitos e, antes da conquista dos mares, houve um último e complicado desafio. Seis séculos haviam passado desde que os cristãos iniciaram o processo de reconquista do território europeu. Os muçulmanos tiveram que recuar até se concentrarem, em um derradeiro esforço, na região de Granada, ao Sul da Espanha.

1.7. COLOMBO/RECONQUISTA

Cristóvão Colombo (1451-1506) conseguiu que os chamados reis católicos da Espanha, Isabel (1451-1504) e Fernando (1452-1516), financiassem a sua expedição pelos mares. A expedição era um objetivo antigo acalentado pelo navegador ousado, e já negado por outros reis, inclusive o de Portugal. Em 1492, depois de finalmente obter permissão e recursos para sua aguardada aventura marítima, Colombo descobriu o que chamou de "Índias Ocidentais", hoje localizadas na América Central.

A descoberta tornava necessário dividir as zonas de influência nas navegações entre portugueses e espanhóis, estes representados pela Coroa de Castela. Para isso, assinaram em 1494 o Tratado de Tordesilhas, definindo que, fora dos domínios da Europa, os portugueses ficariam com o território a Leste de um determinado meridiano, cabendo aos espanhóis o território que ficava a Oeste.

Até então, apenas uma pequena parte da área dividida pelo Tratado havia sido vista pelos europeus, de modo que a partilha foi um acordo que ficou apenas no papel. Imediatamente após a primeira viagem de Colombo, vários exploradores navegaram na mesma direção.

1.8. VASCO DA GAMA

Com a corrida pelo novo mundo, povos que nunca tinham se visto estavam prestes a se encontrar. Em 1497, Portugal enviou Vasco da Gama (1469-1524) para encontrar uma rota até as Índias, contornando pela primeira vez a África. Três meses após partir, a frota que ele comandava já estava navegando em águas até então desconhecidas para os europeus. Em Moçambique, tiveram que se passar por islâmicos e quase tiveram seus navios roubados, até que, finalmente, dez meses depois de ter deixado o porto de origem, a frota alcançou o destino indiano. Assim, este navegador desvendou e criou a Rota do Cabo, abrindo o caminho para a Índia.

Ao regressar, porém, navegaram contra o vento, e trechos da viagem, antes feitos em apenas 23 dias, chegaram a demorar 132 dias. Mais da metade da tripulação, composta inicialmente por 148 homens, morreu, restando apenas 55. A frota de três embarcações ficou reduzida a duas. Vasco da Gama chegou um mês depois de seus companheiros, pois, no caminho, teve de sepultar o seu irmão mais velho.

Em seu regresso, foi recompensado como o homem que finalizou, com sucesso, um plano que levou oitenta anos para ser cumprido. Recebeu o título de "Almirante-Mor dos Mares da Índia". E em 1499 espalhou-se a notícia de que os portugueses tinham chegado às "verdadeiras Índias". A viagem era a mais longa até então realizada, superior ao que hoje seria uma volta completa ao mundo pela linha do Equador. A história da viagem foi eternizada na epopeia *Os Lusíadas*, escrita por Luís Vaz de

Camões (c. 1524-c. 1580). O feito de Vasco da Gama foi incrível para a época, mas seria superado logo no ano seguinte.

1.9. CABRAL

Uma segunda grande armada portuguesa foi enviada para a Índia, dessa vez com 13 navios, cerca de 1500 homens. Era guiada por Pedro Álvares Cabral (c. 1467-1520), membro da Ordem de Cristo[8] e um nobre fiel à Coroa. Descrito como culto, prudente e tolerante com os inimigos.

Um dia antes da partida, a tripulação foi homenageada publicamente com uma missa e comemorações na presença do rei, da Corte e de uma multidão. Durante a viagem, a frota se afastou demais da costa africana até desembarcar no que foi chamado de Porto Seguro, achando tratar-se de uma ilha, à qual foi dado o nome de Vera Cruz.

As se perceber que a nova terra estava a Leste da linha de Tordesilhas, Cabral logo enviou um emissário a Portugal com a importante notícia. Alguns historiadores defendem a ideia de que os portugueses já sabiam da existência da América do Sul, por isso o desvio da rota de Cabral e a insistência do rei Dom João II (1455-1495) em mover para Oeste a linha de Tordesilhas. Outros defendem a ideia de que o objetivo do empreendimento era, realmente, estabelecer relações comerciais com a Índia, acreditando que o desvio se justificava por necessidades de navegação, de maneira a fazer da descoberta algo acidental.

O fato é que no dia 22 de abril de 1500, os portugueses atravessaram o Oceano Atlântico e chegaram ao Brasil, no que foi considerado o ápice da expansão marítima portuguesa. Portugal não era mais o "fim do mundo" e a história dos dois lugares nunca mais foi a mesma.

---

8 GREENLEE, William B. *Voyage Of Pedro Alvares Cabral To Brazil And India.* Waterloo: Laurier Books Ltd, 1995, p. 43 [PDF]. CALMON, Pedro. História do Brasil, v. I. São Paulo: Companhia Editora Nacional, 1939, p. 43.

2.
A Vila Rica

2.1. A MENTALIDADE DOS DESCOBRIMENTOS

Como aponta o historiador Thomas Giulliano, "há um vício moderno, que é entender a história sempre recortada: 'aqui, nós tivemos esse período, que nasceu assim, reproduziu-se e etc.'", como se a própria vida humana seguisse as demarcações temporais acordadas pelos historiadores. Como complementa o professor Rafael Nogueira, é "como se todas as pessoas, do nada, mudassem", apenas porque aqueles que estão escrevendo a história determinaram que, a partir de dado momento, "tudo mudou".

Não é possível compreendermos o empreendimento colonial português encaixando esse intento unicamente em uma ou em outra visão de mundo. Como aponta Nogueira,

> [...] a gente tem uma característica moderna. Afinal, as grandes navegações são uma característica que pode ser considerada parte da modernidade... Só que se elas vêm de um intento medieval, que era espalhar a fé, você tem, aí, no mínimo, duas visões de mundo convivendo. Portugal chega aqui em 1500 com essa missão dúbia: a missão de transmitir a fé cristã, e ao mesmo tempo, é claro, tornar rentável esse afazer.

Às vezes ouvimos dizer que o Brasil passou a existir no momento quando os portugueses, em abril de 1500, desembarcaram em nosso litoral. Mas essa é uma imprecisão retórica que leva a uma interpretação parcial daquilo que aconteceu aqui. O Brasil passou a existir "quando contatos afastados por milhares de anos se deram em abril, aqui, no nosso solo. Ali o Brasil nasceu. Os indígenas nunca mais seriam os mesmos. Os portugueses nunca mais seriam os mesmos", insiste o professor Rafael Nogueira. Em outras palavras, existia povo e terra antes da chegada dos portugueses e o encontro destes com o acréscimo de outras populações (a negra, por exemplo), foi que criou um novo estado de coisas, isto é, um tipo de "descobrimento" de mão dupla.

> Até agora, não pudemos saber se há ouro, nem prata, nem coisa alguma de metal ou ferro. Porém, o melhor fruto, que nela se pode fazer, me parece que será salvar esta gente. E esta deve ser a principal semente que Vossa Alteza nela deve lançar. (*Carta de Descobrimento do Brasil*, Pero Vaz de Caminha, 22 de abril de 1500)

Os portugueses pisaram na ilha de Vera Cruz, mas não foram os primeiros a fazer isso. Se foi necessário tamanho esforço das navegações para atravessar o oceano, como outros povos vieram parar aqui antes desse empreendimento?

2.2. A ORIGEM DOS INDÍGENAS

Aparentemente, toda a espécie humana tem uma ancestralidade em comum com o continente africano. Quer fosse para descobrir o mundo por meio da exploração de novos territórios ou em busca de alimentos para a própria sobrevivência, pequenos grupos humanos se dispersaram para o norte da África. Aquela civilização explorou e colonizou o desconhecido, escalou montanhas, atravessou rios e pântanos e enfrentou perigos desconhecidos, os mais diversos.

A voz humana não era ouvida e sequer era conhecida no restante do planeta. Não havia o menor rastro de presença humana em outros continentes, a não ser na África e arredores. O homem, nômade que era, não tinha para onde voltar, mas via-se diante de um imenso horizonte, o qual deveria percorrer e explorar.

Em cada região desconhecida onde colocava a planta de seu pé, o homem deveria conhecer as características locais e aprender a sobreviver no novo meio ambiente, com suas intempéries e suas peculiaridades. Os seres humanos de então tiveram que encarar a última era do gelo. Nos adaptamos e nos tornamos seres melhor preparados para sobreviver em diferentes situações. Estávamos prestes a colonizar todo o globo, das encostas ao deserto, das montanhas às florestas.

A chegada do ser humano às Américas é sempre considerada um dos grandes mistérios da humanidade e mobiliza pesquisadores de diferentes campos do conhecimento. A hipótese mais aceita é que, durante a era do gelo, uma enorme quantidade de água ficou retida nos polos, gerando certa queda do nível dos oceanos, e fazendo emergir um caminho de terra que interligou os continentes. Desaparecia, então, a última barreira à disseminação humana.

É possível que os caçadores simplesmente tenham atravessado esse corredor à procura de animais para caça, no caso de uma exploração pela sobrevivência; mas, ao descobrirem o outro lado e as novas possibilidades que se revelaram, decidiram avançar e se estabelecer.

A idade do gelo não duraria para sempre. O nível dos oceanos, que elevavam sem dar aviso, começou a separar as Américas do restante do planeta. O único portão que deu acesso às Américas desapareceu, coberto pelos oceanos. Quase todo o contato entre as Américas e o restante do planeta foi interrompido por mais de dez mil anos, até que as tribos americanas deixassem escapar o conhecimento herdado sobre suas próprias origens.

Mas as populações que fincaram o pé nas Américas não ficariam estagnadas. Aqueles povos rapidamente ocuparam cada pedaço de terra habitável, geração após geração. O homem que saiu da

África para a América agora desbravava todo o vasto continente diante de si. A região, hoje, está repleta de mensagens que foram deixadas nas rochas. Cenas de caça se repetem e a incrível variedade de animais que andavam por aqui foi registrada para a posteridade e ficaram entraram para a história, bem como seus rituais de sepultamento, conforme foram guardados no solo. Na região de Minas Gerais, por exemplo, foi encontrado o fóssil batizado de Luzia, com mais de dez mil anos.

Os milênios de separação entre populações criaram diferenças culturais, linguísticas e fenotípicas. Era o resultado da espécie humana fazendo o que sabia fazer de melhor: adaptar-se ao meio ambiente para sobreviver e evoluir.

Então, os europeus desembarcaram no Brasil e reencontraram as tribos que viviam aqui. Apesar de terem a mesma origem ancestral, ficaram separados durante milênios. Esse foi, então, um reencontro que pareceu um milagre da vida e da persistência por sobrevivência.

2.3. O ENCONTRO ENTRE INDÍGENAS E PORTUGUESES

Em anos recentes, as pesquisas historiográficas têm nos apresentado uma história indígena brasileira superior, mais vibrante e complexa do que a antiga ideia estereotipada do nativo atrasado que estamos acostumados a ver. Os primeiros cientistas que se debruçaram sobre as populações indígenas brasileiras chegaram apenas no século XVIII, encontrando florestas já esvaziadas pela colonização e uma vegetação que já havia se expandido sobre locais outrora ocupados. Assim, a ciência registrou e construiu uma imagem que pouco ou nada refletia o real cenário encontrado pelos conquistadores europeus do século XVI[9].

---

9 LOPES, 2017, p. 10.

Por outro lado, combinando os avanços nas pesquisas arqueológicas com as fontes primárias da época, surge um novo quadro: boa parte do Brasil pré-cabralino chegou a contar com populações densas, sociedades com hierarquias políticas complexas e multiétnicas, monumentos imponentes, redes de comércio que se estendiam por milhares de quilômetros e tradições artísticas impressionantes[10].

Um dos principais relatos é o do frade dominicano Gaspar de Carvajal (1500-1584), membro da primeira expedição europeia a descer praticamente todo o curso do rio Amazonas, entre 1541 e 1542[11]:

> Entre povoado e povoado não havia mais que um tiro de besta [...], e houve povoações que duravam cinco léguas [cerca de 30 quilômetros] sem haver espaço entre casa e casa, o que era coisa maravilhosa de se ver: [...] Deve ser a mais povoada que já se viu.[12]

Frei Gaspar cruzou a bacia amazônica no grupo do militar e explorador espanhol Francisco de Orellana (1511-1546), aliado dos conquistadores do Império Inca. Orellana e seus homens passaram quase um ano inteiro atravessando regiões densamente povoadas e ricas. O frade exalta a alta qualidade da cerâmica produzida na Amazônia e menciona enormes aldeias que poderiam equivaler às modernas cidades[13]:

> Louça que é da melhor que já se viu no mundo, porque a de Málaga [na Espanha] não se iguala a ela, pois é toda vidrada e esmaltada, de todas as cores e tão vivas que

---

10 LOPES, 2017, p. 10.

11 LOPES, 2017, p. 83.

12 CARVAJAL, 1894, p. 286-87.

13 LOPES, 2017, p. 83-84.

> espantam, e além disso os desenhos e pinturas que nela fazem são tão detalhados [...] como os da louça romana.[14]

Uma passagem muito curiosa, que lembra o deslumbramento de Carvajal no século XVI, foi escrita em 1723 pelo bandeirante paulista Antônio Pires de Campos, que explorou o Mato Grosso, escrevendo sobre o que chamou de "Reino dos Parecis"[15]:

> É esta gente em tanta quantidade, que [...] muitas vezes em um dia de marcha se lhe passam dez e doze aldeias, e em cada uma d'estas tem dez até trinta casas [...] mui altas, e cada uma d'estas [...] agasalhará toda uma família. Estes todos vivem de suas lavouras, no que são incansáveis, [...] mandioca, algum milho e feijão, batatas, muitos ananases [...] em admirável ordem plantados [...]. Até as suas estradas fazem muito direitas e largas, e as conservam tão limpas [...] que se lhe não achará nem uma folha.[16]

Alguns desses proto-Estados indígenas sustentavam longas redes de trocas que conectavam a região em todas as direções, proporcionando, juntamente com o fluxo de bens de prestígio e mercadorias, o intercâmbio de ideias e técnicas. Foram essas sociedades dinâmicas, com sofisticado domínio sobre os mais diversos ecossistemas, que foram encontradas pelos conquistadores europeus no século XVI, intermediados por grupos Tupi-guarani – provavelmente originários de Rondônia –, que já se encontravam em toda a costa leste brasileira, tendo colonizado o litoral de norte a sul[17].

A inserção dos europeus nessa infraestrutura indígena pré-existente permitiu: na economia, uma significativa acumulação de

---

14 CARVAJAL, 1894, p. 290.

15 LOPES, 2017, p. 94-95.

16 CAMPOS, 1862, p. 9-10.

17 SCHAAN, 2008, p. 21-22.

riquezas, com as trocas de excedentes se ampliando desde o mais fundo das matas até a capital; na política, governos de costumes nativos, baseados em alianças interétnicas, dividindo espaço com governos locais eleitos nas vilas; e no âmbito sociocultural, tratava-se de uma das primeiras sociedades nas quais, por livre vontade ou por coerção, seres humanos de todo o planeta conviviam nos mesmos espaços[18].

Para o cientista político Bruno Garschagen, teve indígenas que fizeram aliança com os portugueses, por perceberem que havia alguma vantagem nessa associação. Nem toda tribo presente na América do Sul era pacata ou simpática à presença estrangeira, como muitas vezes se pinta. Muitas das tribos nômades eram violentíssimas! No litoral do Espírito Santo, por exemplo, havia a presença de tribos assim. Para Garschagen:

> As tribos mais violentas ocupavam as faixas litorâneas. Penso que a tribo mais violenta que tinha aqui eram os botocudos, que atacavam as tribos que eram tribos fixas. E essas tribos viram os portugueses como aliados contra os índios que chegavam, escravizavam e matavam [tribos] sedentárias.

Com isso, entendemos que a América não era o Paraíso intocado que foi violentado pela chegada dos portugueses.

Em função dos interesses expansionistas da Coroa, Lisboa decidiu investir na proteção do Brasil em relação à disputa de território, considerando que já havia uma disputa em andamento. Era esperado que os navegadores estivessem dispostos a enfrentar os riscos que a sua presença na nova terra exigiria, além da adaptação à uma vida de distanciamento dos grandes centros como na Europa e a uma vida com recursos limitados, ao convívio com os nativos e muita disposição para empreender no instinto comercial de um produto único que a Corte desejava e poderia oferecer

---

18 CALDEIRA, 2017, p. 152-53.

como uma espécie de monopólio: a exploração comercial do pau-brasil, onde estava a matéria-prima para tinturas de tecidos e afins, que havia demanda no Velho Continente.

O professor Rafael Nogueira ressalta que os nativos tinham o mapa do tesouro. Eles eram informados sobre a localização do pau-brasil no território. Mais do que isso, os indígenas sabiam de onde extrair aquela madeira, sabiam cortar e sabiam como transportá-la. Foi assim que, juntando a demanda com a oferta de conhecimento e de uma mão de obra algo especializada, que portugueses e indígenas se juntaram num projeto conjunto.

Como que por escambo, os portugueses davam à população autóctone objetos que eles não conheciam, como utensílios de ferro. Para os indígenas, era a oportunidade de retomar o contato, ainda que tardiamente, com a cultura para eles desconhecida dos povos do Norte. Ainda do ponto de vista do indígena, aquela madeira não tinha todo o valor que lhe era atribuído, pela abundância da madeira que se dispunha. Ela era comum, brotava por toda parte no território.

Para os indígenas, o interesse em algo natural e abundante parecia estranho e sem sentido, mas certamente era um comércio interessante. Para Rafael Nogueira, o índio recebia produtos que interessavam e entregava pedaços de pau: "Às vezes somos ingênuos e pensamos assim: 'Ah, eles davam coisas que não prestavam para nada para os indígenas'. Do ponto de vista econômico, aquele produto era escasso aqui, era o que os indígenas não tinham, mas queriam, enfim. Então, eles conseguiam estabelecer esse tipo de relação", conclui.

No Brasil, por um tempo, essa relação funcionou dessa maneira. Mas o Brasil era uma promessa, enquanto a Índia, uma realidade. Como diz Rafael Nogueira:

> Então, perceba todas essas características. O Brasil nasceu de um impulso ligado à expansão da fé e das rotas comerciais. A princípio, existiam expedições de reconhecimento

> e locais nos quais já se estabeleciam alguns contatos comerciais. Depois veio o povoamento. Eles pensaram: "Vamos fincar raízes naquela terra" e um dos objetivos para isso foi o fato de que a França estava de olho neste lugar.

Mas, com o tempo, o pau-brasil foi perdendo importância no comércio europeu e os recursos do império português para povoar o Brasil foram escasseando. Para não deixar que o esforço já empreendido e os recursos já dispensados na introdução dos primeiros colonizadores fossem de todo perdidos, a administração no novo contexto exigia novo modelo. Os portugueses, então, implantaram no Brasil uma prática já testada por Portugal em outros territórios que conquistou. O modelo era dividir o local em diferentes áreas, onde cada uma delas receberia um capitão para comandá-la. A missão desse capitão era fundar vilas, distribuir as terras a quem desejasse cultivá-las e produzir bens, construir engenhos e defender o território. A contrapartida para os candidatos era a autorização para explorar a sua porção de terra comercialmente ao custo de 20% dos seus resultados, recurso pago diretamente à Coroa.

Os portugueses dividiram o território brasileiro em quinze porções, às quais chamaram capitanias hereditárias. "Cada porção teria um donatário, um capitão donatário, aquele que recebe a doação. Ele seria responsável por criar naquele local um povoado", diz Rafael Nogueira.

Thomas Giulliano Ferreira dos Santos, professor de História, nos chama a atenção para o seguinte aspecto:

> Nesse sentido, as capitanias servem como um bom elemento simbólico para demonstrar que havia uma força de interesse econômico que acompanhava essa movimentação administrativa. Isso é importante dizer. Não prevalecia apenas o objetivo de extrair riquezas, mas de manter as riquezas sob controle. Percebam que a natureza das capitanias é oposta a uma ideia de ciclos econômicos, porque as capitanias buscavam ser meios de estabelecimento de

> pessoas no território, protegendo fronteiras e tudo o mais. Ou seja, essas riquezas teriam que, por lógica, ficar aqui. Claro que a partir da lógica da própria exploração, mas, se se exporta e fica rico, logo, parte dessa riqueza produzida permanece aqui.

Para o jornalista Percival Puggina, as dimensões geográficas do Brasil, bem como o seu relevo, foram determinantes para a nossa história. Para ele, quando se observa a extensão do litoral a ser defendido e protegido, do mesmo modo como a vastidão do território no seu interior, fica clara a necessidade urgente de povoamento, de deslocamento populacional para ocupar a terra, protegendo-a e fazendo-a produtiva, gerando riqueza que não havia na matriz.

Mas não exclusivamente exploração, e sim manutenção. É equivocada a ideia de colônia do modo como se colocou historicamente, porque a colonização "não remete exclusivamente a um processo predatório, uma vez que a etimologia da palavra 'colônia' não significa depredação", explica o professor de História Thomas Giulliano Ferreira dos Santos. Ela não se relaciona, no nosso caso, aos ciclos econômicos como no caso da Inglaterra. Longe disso, colônia significa, dentro de suas aplicações no caso brasileiro, à ideia de povoamento, que é o processo pelo qual o Brasil passou.

Os brasileiros não se viam como colonos. Eram portugueses nascidos no Brasil, tal qual os nascidos em Lisboa, por exemplo. Era uma visão apoiada nos estatutos jurídicos da época. Ou seja, os direitos dos nascidos em Portugal ou no Brasil eram os mesmos. Portanto, a ideia de colono e colônia, como nos moldes ingleses, não cabe na relação Portugal e Brasil. Havia um projeto político português totalmente distinto do inglês.

Esse projeto não tem sido destacado na historiografia do nosso país, segundo Rafael Nogueira. Ele acrescenta que há algo que se deve destacar, pois se trata do grande orgulho dos americanos, que é a democracia liberal. Segundo Nogueira, "a primeira eleição das Américas foi na Vila de São Vicente". Na ocasião se deu "o primeiro, digamos, elemento democrático das Américas, com a finalidade de eleger os homens bons".

Por esse motivo, Portugal pode ser considerado precursor desse modelo na implantação nas Américas, distinguindo-se dos demais modelos aplicados aos vizinhos. O modelo medieval vigente na Europa era o feudal, como se aprende na escola. Mas o modo feudal como conhecemos é mais característico de países como a França. "Portugal se organizava mais frequentemente por esse modelo de vilas, já com eleições, deixando para o poder central decidir pouquíssimas coisas", diz Nogueira. "Então, aparentemente, o Brasil começa sabendo lidar com as suas próprias questões localmente. Localmente as pessoas discutiam seus problemas e decidiam as suas próprias questões", conclui.

Moradores de cada vila, eleitos por seus pares, acabavam decidindo e resolvendo aquilo atrelado ao que seria da alçada de governo. As eleições eram realizadas obedecendo a uma sequência, como se fosse um relógio. Assim, tem-se início às eleições em São Vicente em 1532, em Olinda desde 1541, em Salvador desde 1549, em São Paulo desde 1554, no Rio de Janeiro desde 1565 e assim por diante.

O sistema político do Brasil colonial, de fato, importa a realidade descentralizada do sistema português, e a primazia das decisões locais sobre as centrais. Porém, na metrópole, o direito ao voto e a extensão das decisões deliberadas em eleições esbarravam em algumas prerrogativas do direito feudal (isto é, a nobreza e a aristocracia de determinada região portuguesa podiam passar por cima das decisões tomadas "democraticamente" nas vilas, graças a seus direitos nobiliárquicos e hereditários). Perceba que as decisões políticas ainda eram locais, descentralizadas, mas as deliberações tomadas via eleições nas vilas concorriam com os direitos das autoridades nobiliárquicas locais.

O Brasil importa somente a "parte boa" desse sistema português. Haja vista que aqui não havia nobreza, aristocracia, e, portanto, direitos nobiliárquicos, as decisões políticas tomadas nas vilas tinham uma preponderância muito maior do que tinham em Portugal, pois sua autoridade não concorria com a de nobres e aristocratas – como previa o direito feudal.

As decisões das vilas, entretanto, encontravam limites quando se chocavam com a autoridade dos jesuítas – que também sustentavam um modelo político paralelo.

Depois do Brasil, por assim dizer, somente os Estados Unidos tiveram um governo local dessa importância nesse modelo, o que se constitui uma base política que facilitou imensamente a atividade empreendedora", diz Caldeira.

Mas, embora o avanço administrativo fosse grande, a missão local de produzir nessas terras era muito mais difícil do que parecia. Tanto é que apenas duas das quinze capitanias hereditárias prosperaram, a de São Vicente, do capitão Martim Afonso (1500-1564) e seu irmão, e a de Pernambuco, liderada por Duarte Coelho (1485-1554). Todas as demais capitanias que marcaram o início do empreendimento no país fracassaram.

O açúcar era vendido por altos preços na Europa, onde era pesado e vendido por grama. A cana de açúcar, de onde era extraído, foi trazida de outras ilhas, plantada em nosso solo e crescia muito bem nas terras brasileiras, tendo se acomodado ao clima e tomado grandes porções da agricultura local.

Não demorou muito para que os portugueses começassem a construir os primeiros engenhos de açúcar no território, ampliando significativamente a produção.

Rafael Nogueira explica a razão do sucesso no caso da capitania de São Vicente. Ele diz que devemos nos colocar no lugar das pessoas da época, vendo um estrangeiro chegar ao território, trazendo uma carta de doação e se apresentando como "donatário". "Que valor tem aquele documento para os indígenas aqui estabelecidos? Nenhum! Então, ele precisava estabelecer um vínculo", diz Nogueira.

> No caso da Vila de São Vicente, um náufrago português, chamado João Ramalho (1493-1582), estava estabelecido na região e havia se casado com uma princesa tupiniquim, a índia Bartira (?-1580). Por causa desse vínculo, os indígenas locais tinham algum conhecimento sobre os portugueses. Esse contato foi o que facilitou a diplomacia e contribuiu para o sucesso da capitania dessa região.

Nisso, a relação que se estabeleceu em nosso território se distinguiu do que ocorreu na América do Norte. Para Rafael Nogueira, "os ingleses que estavam na América nem cogitavam a possibilidade de se casar com índias. Nem as mulheres inglesas cogitavam a possibilidade de se casar com os nativos. Os portugueses não tinham essa restrição". Os portugueses que conseguiram estabelecer uma boa convivência com os nativos tiveram uma larga vantagem para desenvolver sua produção e realizar o necessário povoamento do território. Muitas das capitanias que fracassaram tiveram como causa o insucesso na criação deste relacionamento.

Ainda segundo Nogueira, "o Brasil precisou destas harmonias entre os indígenas e os portugueses, mais bem afeiçoados à cultura indígena, para que pudessem se assentar na terra. Quando se observa bem a história da Bahia, por exemplo, vemos que ela não é diferente do que aconteceu em São Vicente". Na Bahia aconteceu o casamento de Diogo Álvares Correia (1475-1557), provavelmente um náufrago português que chegou aqui entre 1509 e 1510, e casou-se com a índia Paraguaçu, da tribo Tupinambá.

Em dado momento, a corte de Lisboa decidiu utilizar os recursos adquiridos em outras terras sob seu controle para enviar emissários para o Brasil. Essa nova equipe tinha o objetivo de organizar um governo que seria comandado por Tomé de Souza (1503-1579). Este novo governo teria três objetivos principais na condução do projeto que estava em andamento: defender o território, organizar a produção para tornar viável o povoamento e o terceiro e prioritário objetivo que mudaria a nossa história: civilizar os indígenas.

O grande problema, como era de se esperar, eram três barreiras naturais entre povos tão distintos: como se aproximar de povos que não falam a mesma língua, não tinham os mesmos hábitos e pensavam completamente diferente?

Essa difícil missão foi confiada aos jesuítas. Se a Ordem de Cristo tinha ajudado Portugal a empreender as navegações, aos jesuítas coube a participação e o esforço pela realização de uma aproximação com os nativos e a união do território brasileiro ao português.

Se as ordens religiosas dos mosteiros foram responsáveis por grande parte da preservação e transmissão da cultura na Idade Média, os jesuítas nasceram com a vocação do ensino por excelência, e surgiram num período crucial para a Igreja: durante o grande cisma que a Igreja sofreu com a Reforma Protestante.

Para que a Igreja pudesse ocupar espaços em lugares que estavam sendo descobertos, ela decidiu que os novos sacerdotes da Companhia de Jesus, os jesuítas, fossem enviados para as regiões onde os navegadores se dirigiam, com a missão de educar os diferentes povos. Era o início de um movimento que, posteriormente, se chamou missões, e o casamento de três grandes interesses. Os jesuítas queriam doar-se à vocação de educar, os portugueses precisavam civilizar os indígenas e a Igreja romana queria levar o catolicismo para além-mar.

A participação ativa dos jesuítas no país começa em 1549. A história do Brasil é marcada por esse grupo que se instala nessas terras e, desde então, o Brasil nunca mais foi o mesmo. "Se existem momentos singulares da vida do Brasil, um deles é a vinda dos jesuítas", segundo Thomas Giulliano Ferreira dos Santos, professor de História. A Ordem dos Jesuítas, comandados por Manuel da Nóbrega (1517-1570), desembarcou no país com a missão de trazer as sementes da civilização ocidental para este lado do oceano.

O professor Rafael Nogueira adiciona a isso o fato de que...

> Civilização sem religião nunca existiu, porque se é preciso usar o termo civilização para se referir a um ciclo cultural contínuo, ou seja, a uma cultura que se mantém, um determinado povo local e ela é transmitida de geração em geração, essa cultura não é simplesmente um conjunto de tipos de vasos ou maneiras de comer ou até de armazenar os alimentos, e não é uma maneira de guerrear. Na verdade, todas essas coisas estão vinculadas a um mito, e sempre foi assim, desde a primeira civilização, que foi a suméria. Eles tinham o seu mito. Quando surgiu a primeira legislação, que foi a da Babilônia, com o código de Hamurabi, se percebe que ele se referiu ao deus Marduque, que disse as leis para Hamurabi.

A religião cristã, segundo Nogueira, criou uma moral que tem em si alguns valores que ela herdou, a princípio, da cultura greco-romana, e outros valores que dizem respeito à salvação da alma, vindos do judaísmo. Entre esses valores que compõem o quadro de referências cristãs está o amor. Amor, traduzido do latim *caritas*, é o amor caridade. Não é o amor da fruição sexual, que em grego traduz o *eros*. É o amor ágape (do grego) ou *caritas* (do latim), o amor no qual se dedica desinteressadamente às demais pessoas.

Nesse ambiente de amor *caritas* se destaca a figura do perdão. Assim, o conceito de perdão é muito claro, é o auto sacrifício por um valor maior. Desde um ponto de vista espiritual, se precisa considerar uma alma individual. Se alguém vai ser salvo, não é um partido ou grupo, não é a empresa ou a sociedade. Se alguém vai ser salvo ou condenado será aquela alma individualmente, como ensina o cristianismo.

Se se despersonaliza isso, se se coletiviza essa ideia, os atos humanos deixam de ser passivos de julgamento como atos de uma pessoa consciente que escolhe o que irá fazer. Nesse sentido, não se pode ser julgado um indivíduo. Uma pessoa que age porque o seu partido ordenou, porque no seu grupo se faz assim, dificilmente poderá ser responsabilizada individualmente por seus atos. Quando se despersonaliza o indivíduo, abandona-se até a característica principal da humanidade, que é a capacidade de manifestar a inteligência, a capacidade racional, segundo Nogueira.

Todos temos o livre-arbítrio e somos inteligentes e por sermos assim livres, devemos também desejar uma nação livre e socioeconomicamente estável. Para tanto, existem três princípios fundamentais a serem seguidos: respeito à propriedade privada, princípio de subsidiariedade e livre iniciativa. Ser proprietário de algo que foi conquistado com seu trabalho e esforço é ser livre, pois não depende do Estado para ter alguma coisa, tornando-se um escravo estatal. Como diria o Papa Leão XIII, (1810-1903), a propriedade é trabalho acumulado (vide a encíclica *Rerum Novarum*).

A cultura cristã que herdamos dos portugueses, influenciada que foi pelo pensamento grego, trabalha com essas ideias e questões que incomodam o ser humano: "por que vivemos?", "como devemos nos comportar?", que constrói o conceito de ética, "como devemos nos organizar?", que fundamenta a sociedade, "como deve ser o governo e o que é o bom governante?", que nos leva a refletir sobre a política. "Todas essas dúvidas que acompanham a humanidade podem ser respondidas dentro do caldo cultural de uma religião", afirma o professor Rafael Nogueira. E o historiador Flávio Alencar acrescenta na mesma direção: "Gilberto Freyre usava essa noção de que, não necessariamente cada brasileiro, para ser brasileiro, teria que ser católico, ir à missa etc., mas faz parte da identidade brasileira a influência social e cultural do catolicismo. Isso ele dizia como agnóstico".

Os jesuítas também desembarcaram longe daqui, na Índia, na China, no Japão e na América do Norte. O seu sistema de formação do ser humano era o maior do mundo à época.

Foi com os jesuítas que se viu, pela primeira vez na história, a vantagem de se ter informações sobre diferentes lugares do planeta. Para ensinar a cultura ocidental a diferentes e distantes povos, era preciso aprender a língua deles e absorver o que eles tinham de melhor.

"As fontes dessas informações sobre os jesuítas não são os arquivos empoeirados e trancados a sete chaves, como se pode imaginar. Há muitos trabalhos sobre eles que foram publicados, no entanto, eles não costumam ser valorizados", o que lamenta Thomas Giulliano Ferreira dos Santos, professor de História.

O professor Rafael Nogueira segue na mesma esteira do filósofo Olavo de Carvalho: "Arrisco dizer que a civilização ocidental é o ponto mais alto que a humanidade chegou até agora. E o Brasil é fruto disso".

Tomé de Souza foi quem construiu a primeira capital do Brasil, a cidade de Salvador. Após assistir à missa do Espírito Santo, sendo acompanhado por oficiais, religiosos e lideranças do povo, declarou fundada a capital no dia 1º de novembro de 1549, tendo feito um juramento e assumido o cargo de governador geral. Em sua gestão de três anos, centralizou a administração do empreendimento português em Salvador, criou um sistema de justiça, armazéns, construiu engenhos de açúcar, impulsionou a navegação fluvial, costeira e marítima, montou um estaleiro e estabeleceu as casas do conselho, o equivalente às câmaras dos vereadores e com isso deu o esboço do que seria o país nos próximos períodos.

Antes de existir um povo com características próprias e distintivas, surgiu por aqui um Estado, por conta do entendimento que Portugal tinha de que as novas regiões sob seu controle eram a extensão da própria matriz na Europa. Isso deu ao povo contemporâneo, às pessoas ligadas à terra, o entendimento do que era a ação do Estado, o motivo de sua presença e a vanguarda, conforme adiantamos. Ou, ainda, numa relação perversa que o

Estado adquiriu em certos momentos, associou-se ao padroado. Uma vez que o Papa era a autoridade sobre todo o mundo conhecido, incluindo as terras pagãs, a Igreja podia conferir aos conquistadores portugueses e espanhóis, de antemão, a autoridade plena sobre todos os territórios que estes viessem a descobrir, bem como aqueles que ainda descobririam em suas empreitadas.

Mais do que poder político, como mencionamos, cabia a esses homens promover a evangelização, isto é, cuidar dos assuntos eclesiásticos, o que caracterizava a origem do direito do padroado. O padroado vigorou no Brasil até a Proclamação da República, em 1889. A esse mecanismo híbrido, Inácio de Loyola (1491-1556) chamou "missão", e a seus seguidores, bem como a si, "missionários". Quanto ao Estado, portanto, era um Estado que não solucionava apenas os problemas sociais, mas também estava alinhado aos valores religiosos. "É um Estado, portanto, metafísico", como classificou o professor Thomas Giulliano Ferreira dos Santos.

A missão de construir um Estado exigia que o próprio governador e os padres trabalhassem em cooperação, ajudando os artífices na construção de um novo país. Foi o incremento da organização pública e da segurança que permitiu que o comércio se desenvolvesse. Os engenhos de açúcar se tornaram uma realidade que veio acompanhada de uma das maiores chagas da história do mundo.

1.4. A ESCRAVIDÃO

Das grandes manchas morais da história humana, é impossível não se lembrar da escravidão como uma das maiores e mais cruéis.

Quando falamos em escravos, devemos lembrar do sofrimento de povos que demoraram tanto para vislumbrar um futuro livre.

Mesmo com o esforço de homens conscientes que lutaram pela abolição, o despertar da humanidade para os horrores da escravidão foi um processo longo e penoso. É um exercício difícil parar para pensar o quão horrível deve ter sido nascer e morrer sem ser o dono de sua liberdade e da própria vida. O fato de hoje podermos refletir sobre tais questões dessa perspectiva é, de certa forma, o privilégio que temos de vivermos do lado de cá da linha do tempo da humanidade, com alguns avanços, ainda que tímidos, mas fundamentais e necessários.

O compromisso em manter a humanidade livre vem da lembrança de que as diferentes civilizações demoraram milênios até vencer o mal da escravidão, e ainda assim essa mancha não foi superada plenamente. Esse mal por muito tempo não esboçava a perspectiva de nos libertarmos por completo. Os antigos povos hebreus e assírios, os gregos e os romanos, os europeus, astecas, incas, maias e tantos outros não conseguiram superar o *status quo* no qual surgiram e se desenvolveram.

Quando olhamos para trás e vemos a mancha da escravidão, isso nada mais é do que a história jogando seus holofotes sobre nós, na esperança de deliberarmos sobre nossas ações para compreendermos melhor quem somos e como seremos lembrados.

Isso também é a história cumprindo o seu papel, nos ensinando com os grandes erros e sinalizando que muitos dos nossos antepassados perderam os seus sonhos por faltar a eles a liberdade.

Embora a escravidão tenha sido uma aberração moral, bem como do ponto de vista ético foi um desastre total, o que não resta a menor dúvida, do ponto de vista histórico, infelizmente, nada mais foi do que a normalidade em curso por toda parte naquele mundo, durante grande parte da história dos povos. Portanto, vale lembrar que é bem recente a construção de sistemas econômicos sem escravos.

E o que era ser escravo? Para o historiador Flávio Alencar, o escravo era o sujeito que foi vencido numa guerra justa e perdia a sua liberdade pelas mãos do vencedor que o conquistava, escravizando. Outro modo de se tornar escravo era nascendo debaixo do regime, sendo filho de uma mulher nessa condição. E era isso que definia a base legal para a escravidão. A origem étnica nunca foi o único fundamento da escravidão no Brasil.

O entrelaçamento entre a cor de pele e a escravidão, a ascendência africana ao status de escravo, ou seja, o sentido racial da escravidão, surgiria apenas no século XIX com as teses eugenistas. A escravidão aconteceu, antes de tudo, por uma questão de oportunidade, tanto é o que a história registra, e todos sabemos da existência de negros que se tornavam, eles mesmos, senhores, e que tinham seus escravos negros do mesmo modo que os brancos e europeus. Isto é, ter um engenho, ou terras, é ter escravos. Faz parte do sistema econômico escravocrata.

"A alforria era uma concessão do senhor, mesmo que o negro tivesse dinheiro para pagá-la", diz o professor de História, Thomas Giulliano Ferreira dos Santos. Nesse ponto há um problema, como explica Ferreira dos Santos, dos negros que não conseguiam comprar a sua alforria, ao lado daqueles que tinham algum recurso e queriam investir. O investimento que alguns negros fizeram foi na compra de escravos, pois essa possibilidade existia e se constituiu numa das maiores especificidades do sistema escravista brasileiro. "Antigos escravos pagavam sua alforria com seus próprios escravos. Claro que são minoritários, no sentido da história da escravidão como um todo, mas isso não é comentado nem debatido".

Lembrando que o continente africano possuía um sistema escravocrata interno, inclusive com um comércio intenso, do qual o português acabaria fazendo parte. Ou seja, é preciso desmistificar que os portugueses desembarcaram na costa africana e adentraram o território a fim de capturarem pessoas e escravizá-las.

Outro equívoco nos é apontado pelo professor Ferreira dos Santos, ao chamar a atenção para quando falarmos de negros que vieram da África, de diferentes regiões, é preciso entender que a escravidão já existia no continente antes da presença do branco europeu. Porém, ela era específica em cada uma das regiões, não uniformizada. "Ou seja, é muito perigoso dizer que 'os negros africanos escravizavam-se, porque eram muçulmanos', porque nem todas as nações africanas no período professavam essa religião".

Ainda que não se justifique a escravidão a partir do entendimento que dispomos hoje sobre direitos humanos, a prática se constituiu uma situação aceita à época e com ela se formou a base da mão de obra na economia da cana de açúcar no Brasil, bem como de outras *commodities* por aqui e em outros países do continente.

Muitos reinos africanos e as populações islâmicas na África enriqueceram com a captura de escravos para a venda aos europeus. Isso alimentou o comércio escravagista e fez fortalecer as rotas entre ambos os continentes, pois os escravos eram transportados nos famosos navios negreiros.

Para compor essa mão de obra no país, primeiramente foram trazidos os homens da Guiné, depois os do Congo e de Angola, e em seguida o tráfico envolveu todo o sul do continente africano, até Moçambique, tornando o negócio de escravos entre esses do continente o mais lucrativo e amplo do planeta.

O governo de Tomé de Souza foi sucedido por um senador das cortes de Lisboa, chamado Duarte da Costa (1505-1560). A conturbada expedição de Duarte ao Brasil trouxe a bordo duas personalidades pouco semelhantes. Uma era a do Padre Anchieta (1534-1597), jesuíta pioneiro na catequese dos nativos americanos que por aqui fundou o Pátio do Colégio, a primeira escola do Brasil, baseada em São Paulo. Se hoje podemos estudar a cultura tupi é porque no passado Anchieta passou longos períodos de sua vida dedicado a registrar o dia a dia dos nativos e a educá-los. Essa dedicação o tornou o autor da primeira gramática da língua tupi. A outra personalidade que acompanhou Duarte da Costa foi a de seu filho, Álvaro da Costa, que tentou escravizar indígenas, pelo que foi repreendido pelos jesuítas.

Como o governo local não atendeu às queixas dos religiosos e continuou a escravizar a população indígena, um jesuíta tentou, pessoalmente, conseguir o impedimento da prática junto ao rei de Portugal, Dom João III (1502-1557), mas na viagem de volta a sua embarcação naufragou e ele foi devorado por indígenas antropófagos. Duarte da Costa fez um mau governo e permitiu que os invasores franceses se instalassem na região onde hoje está o Rio de Janeiro.

O povo, então, apelou para a Coroa, pedindo a substituição do governador e, em 1556, ele foi exonerado e substituído por Mem de Sá (1500-1572). O terceiro governador do Brasil tinha a missão de enfrentar os invasores franceses, que se tornou o principal problema à época. O sobrinho de Mem de Sá, Estácio de Sá (1520-1567), aliado à tribo dos indígenas do cacique Arariboia (?-1589), comandou a retomada da região e expulsou os franceses, fundando a cidade do Rio de Janeiro.

A história do Brasil continuava ligada a Portugal por razões óbvias e uma nova crise de sucessão ao trono gerou forte interferência nas terras além-mar. No ano de 1578, o rei português, Dom Sebastião (1554-1578), estava lutando contra os muçulmanos no norte da África quando desapareceu na batalha de Alcacer Quibir, onde hoje se situa o Marrocos. Posteriormente, o incidente gerou uma série de lendas e superstições com tons religiosos, criando um movimento algo messiânico conhecido como sebastianismo.

O embrião do que veio a ser conhecido por sebastianismo foi tratado por autores como Luís Vaz de Camões e Dom João de Castro (1500-1548), administrador colonial português. Já Gonçalo Annes Bandarra (1500-1556), cristão-novo, sapateiro em Trancoso (BA), compôs trovas de teor profético messiânico, entre 1530 e 1540, fundamentando o surgimento do sebastianismo. O movimento teve no jesuíta Antônio Vieira (1608-1697) o seu mais aguerrido disseminador e articulador. *História do Futuro*, sua grande obra profética, tem esse pano de fundo do Quinto Império, Dom Sebastião e até o Brasil como terra-chave nesse esquema futuro.

Mas no campo das relações políticas, "há uma parte da história do Brasil à qual prestamos pouca atenção, mas que foi fundamental para a configuração do país que a gente tem hoje. Refiro-me ao período da chamada União Ibérica. Aquele foi um momento no qual uma crise sucessória em Portugal levou a que o rei de Castela fosse declarado também rei de Portugal", diz o historiador Flávio Alencar. No período, Portugal e Espanha, ao unirem suas Coroas, ficaram por décadas sendo um reino aliado, ao qual o Brasil esteve diretamente ligado.

No período, a Holanda mantinha relações comerciais saudáveis com Portugal, mas por outro lado, estava em guerra com a Espanha. Quando houve a união entre os reinos em 1580, os portos brasileiros foram fechados, impedindo as relações comerciais com o país do Norte europeu, dando ocasião a que Holanda decidisse atacar o Nordeste brasileiro, a fim de garantir o controle sobre a produção e a comercialização do açúcar.

A Holanda não tinha qualquer acordo que garantisse o direito legal de estar no Brasil, pelo que a utilização do termo "invasão holandesa" está correta, se justifica. "Tanto é que a escolha de Pernambuco já demonstrava qual era o interesse dos holandeses aqui. E o interesse era mercantil, por isso escolherem, justamente, o lugar mais rico do Brasil", afirma o professor de História, Thomas Giulliano Ferreira dos Santos.

Diferente do processo português de entrada no país, em que eles emigravam para o que eram consideradas terras próprias, os holandeses, por outro lado, escolheram um lugar específico que era mais lucrativo, porque a finalidade era outra, como também era outro o *status* do processo de entrada na terra. O professor Ferreira dos Santos acrescenta:

> Os holandeses não tiveram empreendimento humano e nunca se propuseram àquilo que os portugueses realizaram aqui. Inclusive, a tomada do Estado de Pernambuco, das cidades de Recife e de Olinda, onde já tinha um processo civilizatório constituído, é emblemático, porque há um valor dado ao processo holandês no Brasil, como se eles tivessem civilizado o Brasil que antes era "bestial". Na verdade, quem civilizou o Brasil foram os portugueses.

Os holandeses bloquearam e se apossaram da produção açucareira do Brasil e dos pontos de comércio de escravos no continente africano. De uma hora para outra, a região perdeu a sua mão de obra e o comércio foi comprometido. Mas os sessenta anos que uniram Portugal e Espanha por meio de um soberano comum não geraram apenas os prejuízos advindos da cobiça holandesa.

O Brasil atraía o interesse estrangeiro pela abundância territorial. Quando comparamos o mapa do Brasil com o de outros países da região, fica evidente a grande diferença no tamanho do nosso território. Durante um século, os portugueses se entusiasmaram diante daquilo que parecia ser um imenso deserto, porém, sem tomar a iniciativa de entrar Brasil adentro para concluir a sua possessão devido ao Tratado de Tordesilhas.

O Brasil só seria realmente "descoberto", de ponta a ponta, com os bandeirantes. Os bandeirantes tornaram-se uma espécie de nômades dos sertões. Penetraram o Brasil em busca de prata, ouro e de escravos. Eles eram descendentes de portugueses estabelecidos em São Paulo, mas grande parte das suas tropas era composta por indígenas e caboclos. Desde o alto do Amazonas à savana gaúcha, os bandeirantes levaram o idioma, a religião e o começo da identidade nacional que aos poucos se desenhava.

A corrida e a busca de terras virgens pelos bandeirantes foram incessantes. Boa parte dos nomes de localidades no país foi dado por um batismo que uniformizou a terra com nomes indígenas, o tupi em especial, o que é visto em todos os cantos do Brasil em nomes como Jundiaí, Piracicaba, Taubaté e Sorocaba. Do mesmo modo, encontramos uma farta referência às diferentes paisagens, o que observamos na quantidade de "boa vista" e "volta redonda" aqui e ali.

"O período que vai de 1580 até o fim da união das Coroas portuguesa e espanhola, em 1640, foi um período riquíssimo da história do Brasil. Em linhas gerais, nele se configurou o atual mapa do Brasil, porque essa circunstância permitiu o avanço dos bandeirantes em terras que eram castelhanas, como também as instituições brasileiras se firmaram no período", como comenta o historiador Flávio Alencar.

Com a instauração da União Ibérica, o Tratado de Tordesilhas perdeu a sua razão de ser, já que a divisão que impunha às terras latino-americanas não fazia mais sentido em um contexto em que Espanha e Portugal estavam unidos sob uma mesma Coroa. Isso permitiu que exploradores portugueses pudessem avançar livremente pelas profundezas do Brasil, mata adentro, alargando seus domínios para além do que determinava o Tratado. Futuramente, com a recuperação da autonomia de Portugal, esses interiores conquistados seriam anexados às novas fronteiras da América portuguesa, delimitadas pelo Tratado de Madrid. Esses desbravadores ficariam conhecidos como "Bandeirantes", que percorreriam o Brasil de ponta a ponta.

Portugal só recuperou a sua independência quando a família dos nobres de Bragança reivindicou o Reino. A chamada Guerra de Restauração pôs fim aos confrontos armados entre Portugal e Espanha (a Coroa de Castela). O Tratado de Lisboa, de 1668, foi assinado por Afonso VI (1643-1683) de Portugal e Carlos II (1661-1700) da Espanha, e a independência de Portugal foi estabelecida. Esse acordo pôs fim a uma longa guerra de separação e inaugurou uma nova era da dinastia portuguesa. Portugal voltou a ser um país independente na Europa e se voltou ao reestabelecimento dos seus antigos domínios.

As relações bilaterais tomaram outro rumo, como conta o historiador Flávio Alencar:

> Portugal, já tendo que manter uma guerra com a Espanha para garantir a sua independência, fez um acordo com a Holanda. Onde os holandeses estivessem, eles ficariam. E onde eles estavam? Estavam no Nordeste e também em Angola. Os brasileiros não aceitaram essa situação. Então, formaram terços, como eram chamadas as unidades militares, e se reuniram para fazer frente ao invasor holandês, mesmo sem apoio do rei de Portugal.

As diferenças religiosas e mercantis entre holandeses e portugueses (e consequentemente os brasileiros) eram muitas, de modo que esse micro "choque de civilizações" gerou estranhamento ao ponto de se esboçar o nascimento do primeiro exército brasileiro.

O modo como os portugueses comercializavam, como lidavam com os débitos e com os créditos, era distinto de outros países na Europa. Nós, brasileiros, podemos dizer que herdamos essa maneira mais frouxa, mais condescendente. Aí vieram os holandeses, com outras práticas comerciais, primando pela pontualidade absoluta, com juros contínuos, constantes e altos, e tentaram implantar isso no comércio local. Esse foi um dos motivos de revoltas que surgiram.

Além disso, as tradições religiosas também eram distintas; enquanto portugueses e brasileiros eram majoritariamente católicos, os holandeses eram de tradição protestante, o que na Europa foi a causa das diversas "guerras religiosas" no período.

Essa disparidade entre modos e práticas entre os dois povos nada mais é do que o reflexo de visões de mundo que irão moldar a nascente civilização nacional, e ela nasce da mistura da mentalidade medieval com a mentalidade moderna. A mentalidade holandesa era mais moderna nesse sentido e, como fruto do pensamento teológico de reformadores como João Calvino (1509-1564), primavam pela otimização do tempo e dos recursos e melhores resultados no trabalho.

Como diz Rafael Nogueira, "não existia o hábito de manter uma relação de reciprocidade, de pensar no outro e entender a sua situação". No comércio, os holandeses não praticavam o que se tornou um hábito comum do povo até bem pouco tempo no Brasil, de anotar numa caderneta as compras feitas no comércio local para se pagar os débitos no mês seguinte. Havendo débito, os holandeses eram objetivos e precisos, cobravam, tomavam bens e propriedades para não haver dívidas que se prolongassem até o pagamento.

Era essa a maneira como os holandeses tratavam as coisas em sua relação com outros povos, sempre com mais formalidade. Com relação aos escravos e indígenas, a sua visão também se diferenciava. Eram mais rigorosos com os escravos, tratando-os com maior dureza, enquanto os indígenas eram mantidos afastados das atividades antes comuns a eles. Isso diferia do modo característico dos portugueses, de maior familiaridade, a capacidade de diplomacia e o gerenciamento de amizades, o que também foi herdado por nós, em certo sentido. Sobre esse aspecto das diferenças entre os dois povos, Rafael Nogueira nos lembra que Aristóteles (c. 384-322 a. C.) dizia ser a amizade um dos fundamentos da sociedade política.

Na falta de uma relação mais diplomática com os holandeses, a insatisfação do povo da terra levou à batalha de Guararapes. Nela, a população nativa, negros e portugueses se juntaram para expulsar o invasor holandês e reconquistar o território perdido.

Internamente, segundo Rafael Nogueira, a batalha de Guararapes (1648-1649) ocorreu por conta da convergência de alguns fatores determinantes, quais sejam: primeiro, a necessidade da reconstituição de Portugal como uma nação independente após a assinatura do Tratado de Lisboa; Portugal precisava retomar o seu protagonismo. O segundo ponto era religioso. Havia uma acentuada rivalidade entre a visão de mundo católica contra os povos protestantes.

O modo de vida holandês, moldado pelo pensamento de viés protestante, defendia certa tolerância religiosa em seus territórios, sendo muito rígido no campo dos negócios. Na outra ponta do espectro, havia o modo de vida português, que era mais rígido e intolerante nas questões religiosas e mais tolerante e flexível nos negócios.

Esse choque de cosmovisões criou problemas os mais diversos, que, segundo se crê, levou à batalha. Nos quadros que compuseram a batalha, é possível se verificar grupos bélicos, negros e indígenas. Remonta a esse episódio o mito de que na batalha de Guararapes se organiza algo com um pré-exército brasileiro. Notável aqui é a união entre as três raças que guerreiam contra o elemento invasor.

O episódio envolvendo Felipe Camarão (c. 1600-1648) é emblemático desse período. Felipe Camarão, também chamado Poti, nasceu em Pernambuco e foi educado pelos jesuítas. Juntou-se ao esforço militar português, tendo sido um líder indígena a comandar os potiguares na luta pela defesa da América portuguesa contra os invasores, especialmente a sua capitania, tendo concentrado suas tropas na estância de Santo Amaro, de onde atacou os holandeses em seu trajeto de Recife para Olinda.

E não se pode negar o agravante que o componente religioso tem na batalha. Eram os católicos lutando contra os protestantes na América. Os protestantes e os judeus vindos da mesma Holanda queriam tergiversar a fé católica do Brasil.

Em 1654, quando Recife foi reconquistada pelos portugueses, havia ali um único povo, algo diferente de quando uma armada holandesa tomou conhecimento do Brasil, encontrando aqui um retrato do estilo colonial de seu tempo: desagregado, impreciso e separado por distâncias enormes que disseminavam a população pelos engenhos de açúcar.

Dentro de um curto período a fórmula brasileira foi encontrada. Aliados contra os intrusos, indígenas, brancos (portugueses) e negros, incentivados pelo seu apego à terra adotiva ou de berço, e habituados aos seus modos de vida, unidos pela mesma terra, uma mesma religião e idioma, o povo fez brotar em si a brasilidade que marca fortemente esse povo ainda hoje.

Esse esforço conjunto congregou chefes militares europeus, como Fernandes Vieira (1610-1681), nativos como Felipe Camarão, e negros como Henrique Dias (início do século XVII-1662). A luta deu ao ajuntamento um sentimento de identidade com a própria terra. Paralelamente, deu origem ao primeiro exército brasileiro. O elemento holandês foi expulso em 1654, indo se estabelecer em Suriname, Barbados, Curaçau e outras regiões da África. Mas ficou o espírito de regionalismo que não mais se perderia.

Mas o sentimento de nacionalidade não surgiu de uma só vez, afirma Rafael Nogueira. Deve restar claro para todos que um traço dessa magnitude surge paulatinamente, é uma construção lenta. "Quando a gente fala de nacionalidade, temos que nos lembrar que se se remete ao período colonial, não estamos pensando em uma união entre identidade nacional e Estado. Isso é impossível, uma vez que não havia Estado independente. Fala-se de uma nação como uma cultura própria", completa Nogueira.

E que cultura é essa? De que nova nacionalidade estamos falando quando nos remetemos aos portugueses como remetentes de um modo de vida que nos gerou?

Segundo Rafael Nogueira, quando se considerar a questão da possibilidade de o Brasil ter sido colonizado por outros povos, e consequentemente ter se tornado um país mais bem desenvolvido, equivoca-se nessa avaliação. Por exemplo, os franceses marcaram presença em nossas terras, em duas regiões, no Rio de Janeiro e no Maranhão. Do mesmo modo os holandeses, que estiveram aqui por muito tempo em Pernambuco e arredores.

Tomando a Holanda como exemplo, podemos perguntar qual foi o país que tendo sido colonizado pela Holanda tem, hoje, grande pujança e destaque mundial? Sabemos que na expulsão que sofreram, foram se estabelecer no Suriname, em Barbados, Curaçau e na África do Sul. E qual a preponderância desses países na cena internacional?

A África do Sul também esteve um longo período nas mãos dos ingleses, e o que se observou lá foram casos gravíssimos de racismo, com o *apartheid*. Ainda hoje é considerado um país bastante problemático. Outros exemplos de países colonizados pelos ingleses nós temos na Austrália e nos Estados Unidos da América. Os Estados Unidos eram um país de refugiados, porque a perseguição religiosa na Inglaterra era cruel e intensa. A Austrália, por sua vez, foi um país de degredados, nisto parecido com o Brasil.

Devemos nos lembrar da Guiana Inglesa e dos muitos países africanos que estiveram sob o jugo inglês, dos quais não surgiu qualquer nação com expressiva importância. A França colonizou o Haiti e a Guiana Francesa, que seguem o mesmo caso dos ingleses. E poderíamos usar esses exemplos para refletirmos sobre a reclamação constante, mas injustificada, que se faz no Brasil de que foi o povo que nos colonizou que legou a nós certo traço de atraso, imaginando que se fôssemos colonizados por povos como os do Norte europeu, com outra cultura e outra religião, teríamos nos tornado uma potência. O Brasil, bem como os demais países que foram resultado da expansão europeia, chega a um momento em que a população local já não é mais um reflexo direto e fiel daqueles que vieram do velho continente.

Durante os sessenta anos que durou a unificação de Portugal e Espanha, o comércio português foi arruinado. Os negócios com a Índia entraram em decadência e a marinha mercante foi praticamente sucateada. Mas o Brasil já tinha vida própria e a atividade econômica se desenvolvido sobremaneira. Os bandeirantes abriram caminhos pelo sertão em busca de pedras preciosas e de lugares para a criação de gado, fazendo do Brasil o principal fornecedor de couro para a Europa.

Surgiam as primeiras plantações de algodão e na Bahia, Salvador de Sá (1594-1688) havia construído o maior navio do mundo para a época, o galeão *Padre Eterno*[19]. Mas o Brasil teria que lidar com uma grande surpresa econômica pela frente. Com a queda do valor do açúcar, a Coroa portuguesa implementou estímulos para desbravar terras ainda desconhecidas em busca de ouro. O incentivo maior veio de um decreto que dava direito de posse ao ouro descoberto.

Com o incentivo, os bandeirantes se tornaram caçadores de minérios e logo começaram a fazer descobertas que geraram alvoroço. As notícias de descoberta de regiões onde o metal estava sendo encontrado chegaram rapidamente a São Paulo e convulsionaram a população.

Não demorou muito para iniciar a corrida pelo ouro. Os moradores que tinham condições de se lançarem ao empreendimento partiram atrás de riqueza. As boas novas correram rápido Brasil adentro, fazendo com que os colonos de outros estados mais ao Nordeste também cruzassem o sertão até Minas Gerais. Em três anos, seis acampamentos mineiros tornavam-se vilarejos, mesmo ainda sendo lugares precários e carentes de tudo o que se pudesse imaginar para ter uma vida razoavelmente digna. Só não faltava o ouro.

O esquema que surgiu para abastecer as minas mudou a vida não só da metrópole, Portugal, como do Brasil. Em menos de meio século, a população mineira tornou-se maior do que Nova York, ultrapassando os 600 mil habitantes à época. No período, toda a população do Brasil e de Portugal não ultrapassava a marca dos 4 milhões de pessoas.

---

19 De acordo com o historiador Gilberto Ferrez na obra *A muito leal e heroica cidade de São Sebastião do Rio de Janeiro* (ed. Raymundo de Castro Maya et. al.. Paris, 1965), o Padre Eterno era um colosso: seis pontes (ou conveses), 180 escotilhas (o que quer dizer 180 canhões). Podia carregar até 4 mil caixas de açúcar de 680 quilos cada. Sua tripulação era de 3 a 4 mil homens. (N. P.)

As cidades ganharam importância e nobres portugueses vieram para cá. Vila Rica se tornou o símbolo da riqueza e foi a principal cidade mineira do século XVIII, e hoje leva o nome de Ouro Preto.

Evidentemente, a atmosfera na Vila era de euforia. Se tornaram ricos os mineradores, os comerciantes, artesãos e funcionários. A arte acompanhou a prosperidade e fez nascer o esplendor do barroco mineiro, com um estilo marcado pela riqueza dos elementos decorativos. Mesmo com a influência europeia, o barroco mineiro pode ser considerado, desde os anos 1500, a primeira manifestação artística de uma cultura local e não mais a reprodução dos padrões europeus da época.

Entre os grandes artistas do período, os mais conhecidos são o pintor Manuel da Costa Ataíde (1762-1830) e o escultor e arquiteto Aleijadinho (c. 1738-1814), representante maior de uma verdadeira escola artística nativa.

A educação também avançou. Até então, o único meio de estudo disponível no Brasil eram os colégios jesuítas. Com o enriquecimento, surgiu o hábito de enviar ao menos um dos filhos das famílias que podiam arcar com as despesas para estudar na Universidade de Coimbra. Esse modelo de formação intelectual tornou-se norma entre os mais abastados. Com a nobreza rica e seus filhos letrados, Vila Rica ganhou teatro, orquestra e círculos literários. Era o nascimento de uma aristocracia brasileira.

◆ ◆ ◆

No primeiro dia de novembro de 1755, Lisboa sofreu um terremoto que destruiu milhares de casas e edifícios. No mínimo quinze mil pessoas morreram, levando a população ao desespero generalizado. As primeiras tentativas para restaurar a ordem e retomar a vida cotidiana começaram imediatamente no dia seguinte, e foram comandadas pela Secretaria de Estado do Reino.

A organização do esforço de reconstrução de Lisboa após o terremoto foi liderada por um homem ambicioso e que tinha planos de reformar Portugal por meio da centralização de poder. Sebastião José de Carvalho e Melo (1699-1782), o Marquês de Pombal, contava com o contínuo aumento da produção de ouro brasileiro para a reconstrução da capital de Portugal. Porém, na contramão de seus planos, veio uma queda veloz na produção nas minas. Mas Pombal tomou uma decisão inesperada para contornar a situação. Em vez de adaptar o ritmo da implementação de seus planos, Pombal decidiu recorrer à violência e acelerá-los!

Segundo o cientista político Bruno Garchagen:

> Pombal criou um problema muito sério dentro de Portugal e depois no Brasil, porque sendo um homem amparado pelos ideais iluministas franceses, ele considerou que a Igreja era uma ameaça, embora ele próprio assumisse, de uma forma um tanto quanto ambígua, a relação da Igreja com o Estado. Mas a maneira que Pombal encontrou de inserir os ideais iluministas franceses em seu país, por meio do ensino, foi perseguindo os jesuítas, cuja educação era uma das especialidades de sua Ordem.

Há quem defina Pombal como um déspota esclarecido, como é o caso Thomas Giulliano Ferreira dos Santos, que vê nesta definição a mais alinhada à sua biografia. "A antítese, como um antônimo, em oposição ao comportamento iluminista, é que Pombal irá salientar e, mais do que isso, irá personificar o poder da Inquisição, que é a expressão do atraso, no sentido iluminista", completa Ferreira dos Santos.

Pombal ressaltou o poder da Inquisição ao nomear inquisidores e dar a eles a força dos tribunais inquisitoriais, que até então não tinham. Certa noite, quando o rei Dom José I (1714-1777) retornava ao palácio, um tiro atingiu o seu braço e o peito. Os ferimentos o obrigaram a repousar por meses e Marquês de Pombal aproveitou-se do susto que o rei levou para convencê-lo da existência de uma grande conspiração contra o monarca que precisava ser enfrentada.

Para Pombal, uma fonte de dinheiro poderia custear os seus projetos e esta fonte era a Ordem dos Jesuítas. Secretamente, ele montou um inquérito no qual acusou alguns nobres de organizar um grande complô para matar o rei. Em dezembro de 1758, começaram as prisões que levaram mais de mil pessoas aos cárceres em menos de trinta dias.

Os conventos jesuítas em Portugal foram cercados por tropas e os presos foram interrogados e torturados. Pombal reportava ao rei ter as provas que confirmavam todas as suas alegações. Padres jesuítas teriam convencido membros da nobreza a planejar o atentado. O julgamento levou à morte de onze nobres, a prisão dos padres jesuítas, o confisco dos bens da Ordem e à sua expulsão em todos os domínios de Portugal, inclusive do Brasil.

Thomas Giulliano Ferreira dos Santos nos chama a atenção para o fato de que muitas vezes, "Dom José fosse isento em um processo em que ele foi não apenas cúmplice, mas também agente". A decadência dos próprios jesuítas também era uma verdade. A decadência de outras ordens religiosas e o descaminho para onde essas ordens no Brasil estavam indo.

Por duzentos anos, os jesuítas haviam sido os responsáveis pela influência política, pelo tratamento dos indígenas e pela educação dos brasileiros. Quando foram expulsos, os seus colégios foram fechados e regiões inteiras entraram em estagnação.

"Com isso, Pombal começou um processo de estatização de várias instâncias da vida civil em Portugal e, portanto, nas colônias, instâncias que até então não eram estatizadas, a começar pelo ensino", comenta Bruno Garchagen. É notável que isso trará resultados duradouros, alguns dos quais chegam até os nossos dias, tanto em Portugal quanto no Brasil, onde se pratica um tipo de ensino voltado à formação de cidadãos para o Estado. Como detalha Garchagen:

> Se defendia a ideia de formar cidadãos, o que é uma ideia um tanto quanto 'perigosa' e de certa forma autoritária. Quando se transforma o ensino em instrumento de formação de cidadãos para o Estado, isso fica ainda mais complexo se o Estado tem um projeto de poder, ou se aquele que domina o Estado em um determinado período tem um projeto de poder para formar, para forjar mentalidades.

Pombal fez isso em várias dimensões da sociedade civil, estatizando diferentes dimensões da mesma e isso se refletiu no Brasil.

Ao expulsar os jesuítas, Pombal atrasou o desenvolvimento cultural do Brasil. Ele destruiu todo uma obra cultural e educacional que poderia ter ajudado a fazer o Brasil avançar a passos largos, podendo ultrapassar territórios mais desenvolvidos.

As informações acerca do ensino superior no Brasil Colônia são esparsas e confusas, a saber: o governo português proibia a fundação de universidades em solo brasileiro; haviam instituições análogas às universidades, mas que careciam de reconhecimento oficial da Coroa; para nossos padrões atuais, não havia uma distinção clara entre "escolas de nível superior" e "universidades"; alguns cursos eram nomeados meramente como "aulas", o que torna difícil formalizá-los como de "nível superior" de ensino.

A rigor, os cursos superiores existentes no Brasil Colônia foram os de Teologia, exclusivo para a formação de sacerdotes, o bacharelado em Artes (na prática, Filosofia) e a Faculdade de Matemática, todos no Collegio do Salvador da Bahia (1553), que é tratado, analogamente, como a primeira Universidade do Brasil. Paralelamente, diversas "aulas" de engenharia militar foram inauguradas, como a "Aula de Arquitetura Militar" no Rio de Janeiro (1774), que daria origem à Real Academia de Artilharia, Fortificação e Desenho (1792), o que para alguns foi a primeira escola de engenharia das Américas.

Com o tempo, os verdadeiros objetivos de Pombal começaram a se revelar. O ministro passou a ser o senhor absoluto de Portugal e, com isso, começou concentrar riqueza nas mãos de amigos. Ele distribuiu monopólios de regiões e de setores da economia portuguesa e brasileira para pessoas próximas, fazendo investimentos estatais, doações de terrenos e concedendo privilégios fiscais. Além disso, usou o Estado para ajudar a esmagar os concorrentes.

Suas companhias consumiram muito dinheiro e não entregavam o progresso prometido. Pombal seguiu firme o seu plano e fez tentativas de conseguir mais dinheiro da única fonte disponível: o Brasil. Ele criou novos impostos e proibiu diversas atividades econômicas para favorecer a economia portuguesa, ao passo que enfraquecia a brasileira. Acabou com as capitanias hereditárias, mudou a capital de Salvador para o Rio de Janeiro e estatizou a educação, entregando a atividade a um Estado que não tinha professores disponíveis.

Portugal mergulhou em uma grave crise econômica em decorrência da gastança do Estado e da intervenção proposta por Pombal na economia. Os brasileiros começaram a manifestar uma série de revoltas contra as medidas portuguesas. "Surgiram tensões quando diminuiu a extração de minério e veio o esgotamento das jazidas. A Coroa continuou cobrando dos produtores uma quantidade fixa de ouro, independentemente da produção realizada. Isso causou a revolta que deu origem à Inconfidência Mineira. Foi a tal da 'derrama'", diz o jornalista Percival Puggina.

A derrama era um dispositivo fiscal, a obrigação dos produtores entregarem anualmente um valor em ouro. O quinto, a retenção de 20% do ouro em pó ou folhetas ou pepitas, veio a partir de 1751, a fim de assegurar o piso de cem arrobas anuais para a Coroa. Mesmo quem não tivesse alcançado essa quantia, deveria pagar o mínimo, que às vezes era muito alto, pois, afinal, o ouro em Minas começou a escassear.

Os produtores, então, se juntaram em uma revolta contra a derrama. A Inconfidência Mineira nasceu, basicamente, dessa revolta dos produtores,

> "[...] só que a revolta não chegou a estourar, porque teve o fofoqueiro. Todos sabem que, antes de a revolta estourar, ele denunciou tudo o que estava acontecendo às autoridades portuguesas que, com uma mão bem pesada, perseguiu aqueles que eram os líderes, enforcaram alguns e esquartejaram o famoso Tiradentes (1746-1792), espalhando partes de seu corpo, seus pedaços, pelo Rio de Janeiro e por algumas cidades importantes como Vila Rica", conta o professor Rafael Nogueira, que acrescenta: "A Inconfidência foi uma revolta do elemento nativo contra aqueles que organizavam as coisas para o bem de Portugal. E nós tivemos várias outras revoltas no Brasil que foram chamadas de revoltas nativistas".

Por fim, é preciso dizer algo sobre a miscigenação como traço da nossa identidade. O europeu que emigrava para cá desenvolvia na América uma vida muito diferente da que tivera até então. De diferente, havia vários elementos, como o meio, o clima e a gente que encontrou, somando esforços para transformar os estrangeiros. No caso brasileiro, nós nos esquecemos que o traço genético do país foi feito mais de fora para dentro do que de dentro para fora, num processo um pouco diferenciado da cultura, como dissemos há pouco.

Passavam quase três séculos desde que nativos e portugueses se encontraram e passaram a conviver. A miscigenação, iniciada desde os primeiros contatos, tinha sido levada adiante de geração em geração e finalmente havia aquilo que parecia ser o povo brasileiro: negro, índio e europeu.

A miscigenação, muito mais do que um enquadramento e vista à luz de uma opressão específica, deve ser entendida como uma virtude brasileira. Como diz o filósofo Olavo de Carvalho, a miscigenação "é a grande coisa do Brasil, o que atenuou as fronteiras entre raças e permitiu que hoje, eu penso, tenhamos a metade da nossa população mestiça, negra mestiça. Se isso tivesse acontecido nos Estados Unidos, bem, talvez não tivessem nem guerra civil", isto é, esse composto étnico diversificado é que faz da nossa gente um pouco mais tolerante às diferenças e nos leva com maior facilidade à aceitação mútua.

O Brasil ainda tinha muitos problemas a enfrentar. Diante do espelho, prestamos contas a todas as gerações que nos entregaram a missão de nunca desistir e fazer da superação a nossa história. As dificuldades que deixamos para trás nos fizeram um povo único, que traz consigo uma grande lembrança do passado.

No nosso sangue, corre cada embarcação portuguesa, que disse adeus ao velho mundo. Cada tribo indígena nos ensinou a sermos livres nessa terra, bem como cada gota de suor escravo derrubado nesse chão e cada imigrante que um dia prometeu uma vida melhor para os seus descendentes. Nada mais somos do que descendentes de todos os povos que vieram antes de nós e nos fizeram ser como somos; dos europeus aos africanos aos indígenas.

O nosso sangue é o tratado de paz da humanidade. Nenhum povo tem a consciência do seu destino e a certeza do seu valor, se ignora o seu passado ou se simplesmente não o entende. Esse peso cultural enorme, toda essa tradição e essa história precisam ser devolvidas aos brasileiros.

As grandes nações souberam construir admiráveis lendas históricas, que lhes deram suas nobres tradições, poesia, alma e sentido. O Brasil pode dispensar essas lendas. Basta-nos o sincero resgate da sua lenta elaboração, o autêntico romance das suas origens, das mais diferentes vidas que aqui se fundiram e forjaram este vasto painel da nossa história tão aflita e heroica.

REFERÊNCIAS DO CAPÍTULO

AZZI, Riolando *et al. História da Igreja no Brasil: ensaio de interpretação a partir do povo – Primeira Época – Período Colonial*. Petrópolis: Vozes, 2008, 5ª ed.

BELLO, José Luiz de Paiva. *Educação no Brasil: a História das rupturas*. Pedagogia em Foco, Rio de Janeiro, 2001, p. 2-3.

CALDEIRA, Jorge. *História da Riqueza no Brasil*. Rio de Janeiro: Estação Brasil, 2017.

CAMPOS, Antônio Pires de. "Breve notícia que dá o capitão Antônio [...]". *Revista do IHGB*. Rio de Janeiro: IHGB, 1862.

CARVAJAL, Gaspar de. *Descubrimiento del Río de las Amazonas*. Sevilla: Imprenta de E. Rasco, 1894.

LOPES, José Reinaldo. *1499: O Brasil Antes de Cabral*. Rio de Janeiro: HarperCollins. 2017.

MUNIZ, Milton D. *Educação Superior em Santa Catarina: Consolidação e Expansão*. Joinville: UFSC, 2006, p. 73.

REITORIA, Universidade Federal da Bahia, Departamento Cultural da. *Notícia Histórica da Universidade da Bahia – UFBA*. 2016, p. 15-18.

SANTANA, Wilson. *A Reforma Protestante e o Brasil, memorial 500 anos, uma nova biblio-historiografia*. Goiânia: Editora Cruz, 2017.

SANTOS, Fernanda. "O Colégio da Bahia e o projecto educativo da Companhia de Jesus no Brasil Colonial". *In*: *Revista Brasileira de História das Religiões*, v. III, nº 9, jan/2011. Maringá (PR), ISSN 1983-2859, p. 5-8.

SCHAAN, Denise P. "A Amazônia em 1491". *In*: *Especiaria, Cadernos de Ciências Humanas*, Bahia, 2008.

Links:

https://www.historia-brasil.com/bahia/primeira-universidade.htm

http://www.bahia-turismo.com/salvador/centro-historico/colegio-jesuitas.htm, ambos com acesso em 12/ago/2022

3.
A Guilhotina da Igualdade

Em 1789, uma reunião em um pequeno ginásio da França, mudaria as relações sociais, políticas e religiosas no mundo ocidental para sempre. Em uma quadra de tênis, franceses juraram não desistir. O que aconteceria na década seguinte, na França, entraria para a história como uma das principais revoluções de que se tem notícia.

À direita do ginásio, estavam os girondinos, que lutavam para devolver a estabilidade para a França e queriam estabelecer uma constituição que criasse regras para os reis. À esquerda estavam os jacobinos, radicais que defendiam a iluminação da sociedade a partir da razão e a completa ruptura com o passado e sua aliança entre a monarquia e a Igreja, além da necessidade da construção de uma nova sociedade e de uma nova espécie de natureza humana, cujos poderes individuais seriam ilimitados.

Os dois grupos, contudo, tinham uma coisa em comum: nos próximos anos, seriam enterrados juntos, sem *glamour*, em meio ao lamaçal de sangue, juntamente com os ossos dos reis e rainhas que tentavam derrubar. Além deles, mais de 40 mil franceses teriam o mesmo destino.

Hoje não há cidade, castelo ou igreja que não guarde reflexos do ano em que revolucionários fizeram de tudo sob o argumento de estarem lutando pela "liberdade, igualdade e fraternidade". Mas o derramamento de sangue ocorrido naquela França mancharia a história da civilização, o que acabaria respingando no Brasil.

3.1. ATO 1: A FUGA DO OCIDENTE

Nos últimos mil anos anteriores a esses eventos, os pequenos feudos tinham vivido, cada um, com suas próprias regras. Não existiam decisões centralizadas e cada localidade conduzia a sua vida à própria maneira. As tentativas de invasões muçulmanas na Europa já não eram tão frequentes. Os reis defendiam os seus territórios e proporcionavam estabilidade para camponeses, artesãos e suas famílias. Era um novo momento da civilização, que seria alçada a novos desafios a seu tempo.

Foi na França que o rei Luís XIV (1638-1715) fez da falta de regras e de limites para gerir o seu território um espetáculo de centralização de poder. Luís XIV e seus herdeiros realizaram obras faraônicas e impuseram à sociedade a mentalidade de que o rei era o próprio Estado e a própria lei. O período foi nomeado de "absolutismo", pela figura do senhor absoluto que era incorporada pelo rei.

Esta postura semelhante à de um Faraó do antigo Egito parecia inadequada em função da prosperidade que permitia aos indivíduos ascenderem economicamente pela via do comércio. A Corte precisava de cada vez mais dinheiro para sustentar as suas decisões e empreendimentos, e os comerciantes estavam insatisfeitos com os altos impostos e os rumos da economia francesa.

O estopim nesse cenário se deu quando a monarquia francesa, para poder enfrentar a Inglaterra, financiou a revolução dos Estados Unidos, antiga colônia do reino inglês. Era o esgotamento da economia francesa e o início do fim do período.

E o que tudo isso tem a ver com o futuro da política mundial?

Em meio à instabilidade no país, alguns pensadores começaram a criticar o período que viviam e a moldar a opinião do povo. Os aquecidos salões de debate em Paris deram voz a um pensador cuja biografia jamais seria esquecida pela humanidade: o suíço Jean Jacques Rousseau (1712-1778). Foi Rousseau quem afirmou incansavelmente que o homem nasce bom e que a sociedade o corrompe.

Junto a outros pensadores como Voltaire (1694-1778) e Diderot (1713-1784), eles inauguraram uma nova era. Essa era trouxe a crença de que a propriedade privada destruía o caráter da humanidade. Espalhar a tese de que o problema da sociedade em que viviam era consequência do desenvolvimento do comércio e do cristianismo, fez com que decidissem escrever grandes obras que prometiam organizar o conhecimento da humanidade, usando exclusivamente a razão como norteadora para os seus argumentos. A criação exaustiva de diversas enciclopédias críticas ao governo e à Igreja os fizeram conhecidos como "enciclopedistas".

Para muitos, a Revolução Francesa começou com a queda do rei; para os mais atentos, começou nos livros.

Mas, o que, afinal, foi o iluminismo francês? Para o professor Marcus Boeira, "o iluminismo francês foi o resultado de um longo processo de secularização da cultura, que começou no final da Idade Média e se estendeu até a época dos enciclopedistas".

O Iluminismo também esteve presente em outros países da região, como em Portugal, graças à ascensão do já comentado Marquês de Pombal. O projeto de dar fim à influência da religião e iluminar a nova era da razão era chamado de secularização da cultura.

Na Inglaterra, pensadores começaram a alertar sobre as novas consequências trágicas de inventar direitos e reconstruir a natureza humana jogando fora as tradições e a religião de forma arbitrária. Um novo governante não poderia romper a tradição dos direitos naturais de um homem, aqueles direitos que nasciam com ele: o direito à vida, à propriedade e à busca pela felicidade.

Mas os franceses resolveram ignorar os alertas e dar continuidade ao projeto da revolução.

As linhas ideológicas que haviam sido herdadas nas tradições intelectuais desses dois países não eram propriamente as mesmas.

"Não é a mesma coisa ler John Locke (1632-1704), por exemplo, e ler Voltaire ou Rousseau, certamente não é a mesma coisa. A Revolução Francesa provocou horror à Inglaterra", aponta Olavo de Carvalho, que acrescenta: "Quando se lê o livro do Edmund Burke (1729-1797), *Reflexões sobre a Revolução na França*, que foi um sucesso *danado*, todo mundo na Inglaterra ficou assustado com aquela 'sangueira' toda na França". A Inglaterra tinha sofrido o seu próprio derramamento de sangue, mas por outros motivos, por questões religiosas. "E uma coisa é enforcar católicos, outra coisa é sair enforcando todo mundo", conclui Olavo.

O rei convocou uma assembleia para receber e ouvir as vozes revolucionárias e chegar a um acordo. Era a primeira vez, em mais de um século, que uma assembleia era convocada.

No dia da assembleia, um jovem eloquente chegou a Versalhes para lutar pelas ideias iluministas que aprendeu com Rousseau e Voltaire nos salões de Paris. A promessa de igualdade estava, agora, representada por uma voz poderosa, que até hoje gera calafrios quando seu nome é mencionado. Era Maximilien Robespierre (1758-1794).

As Cortes francesas ficaram assustadas com as intenções violentas e revolucionárias e resolveram dar fim à assembleia. Os revolucionários decidiram que não parariam, com ou sem o rei. Num ginásio próximo, onde se reuniram, prometeram nunca desistir até conseguirem a revolução. Naquele dia foi declarada a Revolução Francesa. Nasciam os termos "direita" e "esquerda" num ginásio onde se decidiria a nova constituição.

"A Revolução Francesa começou com a ideia de *la nation*, ou seja, a união daqueles que se identificavam como povo, no propósito de destituir do poder somente aqueles 2% da população que correspondia ao clero e à nobreza", diz Rafael Nogueira, professor de História. Eles, então, se reuniram em um clube, o clube dos jacobinos, que embora fossem revolucionários, também contavam com alguns membros da nobreza.

Quando se fala de "revolta burguesa" associada à Revolução Francesa, esse não é um termo muito preciso. A Revolução contou com membros da aristocracia, mas também havia outros grupos, como os girondinos, que eram burgueses e nobres com ideais reformadores. O grupo precisava se organizar, porque não era possível ao povo comandar a Revolução.

Robespierre liderou a assembleia e chegaria ao poder como o defensor da igualdade. Nutrido de uma paixão exacerbada por suas ideias, ele não via limites para suas ações, desde que praticadas em nome da causa. Uma de suas frases conhecidas sobre a Revolução dá um bom vislumbre de seus ideais: "Virtude sem terror é funesta; terror sem virtude é ineficaz. Terror não é nada mais do que imediata, severa e inflexível justiça".

O povo deveria ter medo de seguir as antigas tradições e todos deveriam aderir à Revolução. Quando posta em andamento, a política de Robespierre foi chamada de "Período do Terror". "Um governo que pode fazer tudo, sem absolutamente nenhum limite, isso foi o terror jacobino que aconteceu após a Revolução Francesa", diz o cientista político Luiz Philippe de Orleans e Bragança.

Robespierre ainda estava em dúvida sobre como causar o medo necessário à população para levá-la à obediência e à busca do novo homem. Foi sugerido pela assembleia que se instalasse na praça pública de Paris um mecanismo simples que tornaria igualitária e justa a execução dos inimigos da Revolução. O autor da sugestão foi o médico francês Joseph-Ignace Guillotin (1738-1814), que dá o nome ao instrumento de execução. Guillotin não inventou a guilhotina nem era favorável ao seu uso para a execução de penas de morte, mas seu nome ficou associado a esse instrumento.

A guilhotina passaria a marcar presença no dia a dia da França revolucionária. Entre as suas vítimas constariam professores, cientistas, padres, freiras, filósofos, nobres e outros mais de 20 mil cidadãos que foram guilhotinados em menos de um ano. O rei Luís XVI (1754-1793) e a rainha Maria Antonieta (1755-1793) foram decapitados desse modo. No momento da execução de ambos, a rainha implorou perdão segundos antes de ter a cabeça decepada e levantada pelos cabelos para os revolucionários, que gritavam "Viva a República!".

Sobre isso, o escritor Flávio Morgenstern comenta:

> O lema dos jacobinos, por sinal, deixava bem claro o que é esquerda. O lema deles era: "Nós precisamos enforcar o último rei nas tripas do último padre". Isso é a esquerda. Você pode ter variações *soft* disso, você pode ter variações extremadas disso, pode ter o que imaginar, mas se quiser entender a esquerda com toda facilidade, veja isso: a pessoa quer enforcar o último rei na tripa do último padre. Pode ser que ela queira fazer enforcamento simbólico, pode ser que ela resolva envenenar homeopaticamente, mas isso é a esquerda.

Aconteciam por volta de 70 decapitações em praça pública todos os dias durante o período de um ano. E, embora se "exalte", ainda hoje, aquele episódio como um dos avanços do Iluminismo, isso foi a Revolução Francesa. Ninguém parecia conseguir frear o furor revolucionário, e como prova disso, o próprio líder da revolução, Robespierre, acabou guilhotinado.

Mas, ainda durante a Revolução, há um incrível fato a ser notado. Um brasileiro esteva no meio de todos estes acontecimentos, uma testemunha de nosso povo que viveu na pele as tragédias da Revolução. Aquele homem aprendeu a importância da prudência, da cautela e da ação, alertado pelos ingleses, e aplicou esse aprendizado ao transformar para sempre a história do nosso país.

Nascido em 1763, José Bonifácio de Andrada e Silva pertencia a uma família de nobres da cidade de Santos. Desde cedo, quando menino, mostrou interesses intelectuais os mais variados, o que se mostraria indispensável na carreira política que trilharia na idade adulta.

José Bonifácio contemplou o terror francês com os próprios olhos, o que fez com que se tornasse muito cético com relação às ideias revolucionárias.

Rafael Nogueira diz que "ele ficou um tempo no Rio de Janeiro, depois foi para Coimbra, onde estudou filosofia e cursou matemática, sem ter terminado o curso, e ainda fez Direito". Por isso se diz que foi um homem com uma formação que, ao mesmo tempo, era clássica, científica e jurídica. Ao sair de Portugal, José Bonifácio foi para a França em 1790, no ano seguinte ao início da Revolução, no momento de maior agitação nas ruas com os jacobinos liderando toda aquela ebulição. Havia luta nas ruas e foi nesse ambiente que José Bonifácio esteve na França.

Bonifácio também foi influenciado por outra Revolução que aconteceu mais próxima do Brasil. No Atlântico Norte, anos antes, havia eclodido a Revolução Americana. Mesmo sendo ambas revoluções, as ideias e os eventos que motivariam ambos os movimentos foram muito diferentes.

Após a decapitação de Robespierre, os girondinos voltaram à cena revolucionária. "Muito em função desse retorno súbito, os girondinos criaram um modelo de governo improvisado, no qual constavam três cônsules e precisavam chamar mais um para alcançar legitimidade perante o povo. Na opinião do professor Rafael Nogueira, eles pensaram em um nome de alguém ligado à Revolução, mais do que um general que comandasse tropas populares e vencesse exércitos treinados por outros países.

As monarquias no restante da Europa começaram a se preocupar com o caos político instalado na França. Os reis temiam que a catástrofe revolucionária se tornasse um exemplo negativo para o restante do continente e passaram a elaborar um plano de reconquista do território. Na França, a fim de defender-se da aliança que se formava na Europa, os revolucionários sentiram a necessidade de alguém que pudesse comandar um exército composto pelo povo, portanto, formado por soldados sem treinamento. Foi então que entrou em cena um jovem oficial chamado Napoleão Bonaparte (1769-1821), o quarto nome que os girondinos elegeram para liderar a ação.

Antigo conhecido das lideranças revolucionárias, Bonaparte já tinha participado de algumas batalhas, sendo tão decisivo para a vitória que foi promovido de capitão a general em apenas oito semanas, quando contava com 24 anos de idade. Napoleão assumiria o comando do exército com dois objetivos: colocar ordem interna e enfrentar a aliança das demais monarquias europeias em guerra com a França revolucionária.

Nos anos seguintes, Napoleão se revelaria o maior terror militar que a humanidade havia conhecido desde o Império Romano. Ele não apenas defendeu a França, como avançou o seu território para o restante da Europa, impondo, pela força dos canhões as ideias que a Revolução fracassara em colocar em prática pelo debate.

O líder da liberdade e da igualdade destronou, prendeu e humilhou os reis do continente, colocando seus próprios parentes nos tronos dos reinos que havia destruído. Indistintamente, os governos europeus foram afetados por essa convulsão política. A Igreja foi perseguida e expropriada em vários países. Somente na França, mais de dois mil padres e freiras foram executados. O próprio Papa se tornou prisioneiro.

Em 1807, o imperador francês já era o senhor absoluto da Europa, restando somente conquistar a Inglaterra e Portugal. Os ingleses evitaram o confronto por terra com os exércitos de Napoleão, que já tinham vencido em alto mar, quando a famosa marinha britânica destruiu as esquadras da França e da Espanha. Napoleão reagiu, decretando o fechamento dos portos de toda a Europa ao comércio de produtos britânicos. Suas ordens foram imediatamente obedecidas por todos os países, com a exceção de um: Portugal.

Por essa razão, tropas francesas marcharam em direção à fronteira, prontas para invadir o país e destronar o seu príncipe regente, pondo fim à dinastia de Bragança. A Dom João restaram duas alternativas amargas e excludentes. A primeira era ceder às pressões de Napoleão e aderir ao bloqueio continental, tornando-se aliado da França e declarando guerra contra a Inglaterra. A segunda, aceitar a oferta dos aliados ingleses.

Napoleão foi o mais temido general da história que a pequena Portugal teve de enfrentar. Portugal e Inglaterra lutaram de braços dados desde a sua fundação, quando os Cruzados ingleses ajudaram o jovem Dom Afonso Henriques, primeiro rei de Portugal, a reconquistar a terra tomada pelos mouros durante o avanço islâmico. Por diversas vezes os dois países foram grandes aliados. Mas havia chegado a hora de honrar o berço e ajudar os ingleses a expulsar os revolucionários. E enquanto fingia aceitar o ultimato da França, Dom João negociava com a Inglaterra uma solução diferente para o impasse.

E o que Dom João fez? Preparou uma retirada estratégica inovadora e ousada, enquanto jogava com os franceses e os ingleses. Diferente do que apontam, Dom João era muito inteligente, esperto, capaz de enganar Napoleão Bonaparte.

Dom João chegou a um momento crítico, que foi o seguinte. O plano de ir para o Brasil parecia imprudente. Embora os europeus dominassem colônias imensas em diversos continentes, até aquele momento nenhum monarca havia colocado os pés em territórios ultramarinos, sequer para uma simples visita – muito menos para morar e governar a partir de fora. Aquele era, portanto, um acontecimento sem precedentes.

Havia uma antiga ideia de transferir a Corte portuguesa para o Brasil, proclamando o rei "Imperador do Ocidente" e indicando um vice-rei para governar Portugal. A existência de planos assim, tão antigos, explica a mudança bem-sucedida da Corte para o Brasil em 1807. E essa foi uma estratégia que nem sempre tem sido explicada satisfatoriamente, como não foi uma estratégia improvisada, tal como geralmente se diz. A decisão já havia sido tomada e analisada diversas vezes, por diferentes reis, ministros e conselheiros ao longo de quase três séculos.

Vale ressaltar que há uma expressão hoje comum: "ficar a ver navios". Poucos sabem que ela vem da ideia das tropas de Napoleão, no topo das colinas próximas a Lisboa, ficarem a ver as naus portuguesas que saíam da capital. Essa imagem surgiu diante da partida da família real, o que se deu poucas horas antes da chegada do general Junot (1771-1813) e das tropas francesas que tinham ordens de conquistar a cidade e aprisionar o príncipe regente.

Como afirma o historiador Oliveira Lima (1867-1928): "De que outra forma se explica que houvesse tempo para, depois do anúncio da entrada das tropas francesas no território nacional, embarcar uma Corte inteira com suas alfaias, baixelas, quadros, livros e joias?". Se Dom João permanecesse em Lisboa, Napoleão Bonaparte invadiria, destronaria o rei e possivelmente a casa dos Bragança perderia a sua legitimidade.

Os desdobramentos da Revolução tentaram levar para o túmulo toda a memória do Ocidente e do Velho Mundo. A guilhotina não passava apenas no pescoço dos homens, mas também tentava cortar a História, os costumes, as grandes biografias e instituições de seu tempo. A causa pela qual Napoleão lutava já não era a crise fiscal da França, e sim o anseio pelo poder absoluto na Europa. A Revolução tinha se voltado contra si e mais uma vez a cultura de milhares de anos estava em risco.

Ao mudar para o outro lado do oceano não apenas o rei, mas a elite, a Corte e a nobreza, transferiu-se com eles uma chance de salvar suas tradições, na esperança de preservar uma semente da tradição ocidental a ser plantada no Novo Mundo, caso a força dos revolucionários conseguisse derrubar o último império no Velho Continente.

No dia 16 de novembro, a marinha britânica movimentou-se para a foz do rio Tejo, em território português, com 7 mil homens deslocados para proteger o embarque da Família Real portuguesa e escoltá-la até o Brasil. Portugal foi invadida por 50 mil soldados franceses e espanhóis que caçaram a Corte, enquanto ela zarpava rumo ao Novo Mundo, e os deixaram "a ver navios".

Entre as figuras que Napoleão dizia respeitar, e que haviam ganho dele, estavam o inverno russo, Lorde Wellington (na batalha de Waterloo) e o príncipe regente português, considerado pelo corso o único a enganá-lo.

A vinda de Dom João VI para o Brasil não foi, portanto, um ato intempestivo, mas algo que estava em cogitação: que o nosso país se tornasse sede da monarquia portuguesa. O que foi uma decisão estratégica, afinal, mudar uma capital de um lugar ao outro não é uma fuga, é uma transferência e que necessita de decisões estratégicas e de muita logística, sobretudo naquele período. Os reis que não fizeram isso, como no caso do espanhol, terminaram prisioneiros de Napoleão e sem a coroa. A Espanha, por exemplo, foi oferecida ao irmão José Bonaparte.

Outra questão importante a ressaltar quanto a essa retirada estratégica, está no fato de que dessa maneira Portugal seria inconquistável, ainda que tendo a parte da Europa continental ocupada, pois Lisboa não sendo mais o centro do Império Português, não havia vitória em sua conquista. Além disso, havia a dificuldade de se capturar o rei (no caso, príncipe regente) que estava a léguas de distância, assim confirmando a impossibilidade de uma vitória.

O escritor Percival Puggina acrescenta que os portugueses que ficaram em Portugal escreviam para o rei e diziam que "o futuro de Portugal estava no Brasil".

3.2. ATO 2: DOM JOÃO VI NO BRASIL

Território, povo e poder soberano: são estes os três elementos essenciais para a formação jurídica de uma Nação. Dos três, somente o último faltava ao Brasil quando a Família Real portuguesa aportou aqui.

> Nunca correio algum trouxe notícias mais tristes e, ao mesmo tempo, mais lisonjeiras! Enquanto as lágrimas corriam dos olhos de todos, e muitos ficaram sem poder articular uma só palavra ao ouvir tão apavorante novidade sobre a invasão em Portugal; ao mesmo tempo, se grandes eram os motivos de mágoa e aflição, não menores eram as causas do consolo e de prazer: uma nova ordem de coisas ia principiar nesta parte do hemisfério. (Carta do padre Luiz Gonçalves dos Santos, 14 de janeiro de 1808)

Esse foi o encontro de dois mundos até então estranhos e distantes. O povo do Rio de Janeiro, que fez as honras da recepção dos novos habitantes, fez questão de prestar todas as homenagens que estavam ao seu alcance. E não era pouca gente: 15 mil pessoas vieram de mudança, a cabeça do Império português instalou-se no Brasil.

E onde estava José Bonifácio nisso? "Ele não quis vir; ficou para pegar em armas contra as tropas francesas. José Bonifácio lutou, em princípio, e se tornou o responsável pelo corpo acadêmico na revolução", diz Rafael Nogueira. José Bonifácio reuniu o pessoal da Universidade de Coimbra, estudantes e professores, o corpo acadêmico, conseguiu ajuda para as munições – afinal de contas, ele entendia de minérios[20] – e foram à guerra sem a pretensão de exercer um grande papel.

Por aqui, a transformação do Brasil foi acelerada como nunca. Era hora de colocar mãos à obra, os planos eram grandiosos e havia tudo para fazer no Brasil algo para o mundo ver. Estradas, escolas, tribunais, fábricas, bancos, moeda, comércio, imprensa, biblioteca, hospitais e comunicações eficientes. Nada disso funcionava como no Velho Mundo.

---

20 José Bonifácio, o tutor de Dom Pedro II, cuja face científica é praticamente desconhecida dos brasileiros, é patrono da Geologia e da Mineralogia. (N. P.)

E Dom João teve pressa. Quarenta e oito horas depois de desembarcar no Rio de Janeiro, o rei organizou o seu novo gabinete e fundou o primeiro ministério, com a função de estruturar o país a partir dos recursos humanos precários em termos de especialização, como se dispunha. Era o momento de construir o sonhado império americano de Portugal. Isto é, ele compreendia a importância desse novo momento, que seria fundamental ao lançar as bases da nacionalidade.

Dom João VI trouxe para cá o tesouro da Coroa portuguesa, estimado em 220 milhões de libras esterlinas. As novidades e os investimentos começaram a aparecer em uma velocidade sem precedentes.

Entre as inovações que implementou em sua gestão, Dom João VI criou a Academia Militar das Agulhas Negras, tanto que em seu rol de entrada ostenta um busto do rei, que é considerado o seu fundador. A Escola Naval também surgiu no período. Dom João nunca teria feito esses ajustes na área militar se pretendesse que o Brasil continuasse dependente de Portugal. Nenhum estrategista iria querer um país com um exército próprio, com uma oficialidade própria, com militares tendo autonomia e uma academia de formação para oficiais treinados se pretendesse preservar a sua dependência.

Entre outros empreendimentos bem-sucedidos do rei estão o Banco do Brasil, que é o primeiro banco da História de Portugal, a Biblioteca Nacional no Rio de Janeiro, o Jardim Botânico e as primeiras universidades. Como acrescenta Bruno Garschagen:

> Do ponto de vista cultural, o legado português que já vinha sendo construído desde 1500, foi consolidado com a vinda da Família Real, que nos trouxe a biblioteca, os modos de comportamento, modos de linguagem, hábitos, modos de leitura, que eram próprios da monarquia portuguesa, próprios da Corte. Os brasileiros não tinham acesso a isso até a chegada da Família Real. Por mais que tenham vindo

> representantes do governo português e eventualmente nobres ao longo da nossa história, não surte o mesmo resultado como quando se tem uma Corte instalada no Brasil. Do ponto de vista cultural, isso foi uma abertura enorme para quem estava aqui.

É possível observar a sofisticação dos hábitos da sociedade carioca a partir da chegada da Corte ao ler os anúncios publicados na *Gazeta do Rio de Janeiro* depois de 1808. No começo das publicações, eram oferecidos serviços e produtos simples, reflexo de uma sociedade fechada para o mundo. Tratava-se do aluguel de cavalos e carroças, da venda de terrenos e casas e alguns serviços básicos, como aulas de catecismo, língua portuguesa, história e geografia.

De 1810 em diante, o tom e o conteúdo dos anúncios mudaram de maneira clara e notável. Em vez de casas, cavalos e escravos, passou-se a oferecer pianos, livros, tecidos de linho, lençóis de seda, champagne, água de colônia, leques, luvas, vasos de porcelana, quadros, relógios e uma infinidade de outras mercadorias, todas importadas.

O pesquisador Thomas Giulliano diz que Dom João VI conseguiu algo que poucas vezes é comentado: "Ele conseguiu estabelecer um tempo de paz e de calmaria em uma colônia que estava oscilando depois das reformas pombalinas". A decisão mais importante nesse sentido foi, sem dúvida, a abertura dos portos para comércio com outras nações. Na cidade do Rio de Janeiro, o rei concedeu liberdade de comércio e de indústria para o Brasil, pondo fim ao sistema colonial.

A abertura para o comércio, uma das primeiras medidas de Dom João, foi extremamente importante, porque o chamado Pacto Colonial, que é um termo usado para o transporte de matéria-prima brasileira para Portugal, e o monopólio de compra e venda de Brasil e Portugal, foi quebrado com Dom João. Dom João abriu as portas para as chamadas Nações Amigas, sendo a principal delas a Inglaterra.

"Nesse contexto, o Visconde de Cairu (1756-1835)[21] pode ser considerado o nosso pai fundador, pois foi ele quem aconselhou Dom João VI a abrir os portos", observa Bruno Garschagen. Foi o Visconde de Cairu que, de todos os deputados constituintes, aquele que melhor sintetizou a harmonia entre a Escolástica e o liberalismo. Decerto, essa é a razão pela qual o Brasil, ao contrário das colônias espanholas na América Latina, conquistou a sua independência econômica antes de conquistar a sua independência política.

A historiografia moderna tende a generalizar o fato de que o interesse inglês ditou o modo como se daria a abertura dos portos brasileiros. Apesar da medida ter beneficiado majoritariamente o comércio inglês, documentos da época demonstram que a abertura dos portos foi uma decisão visionária que beneficiou grandemente a economia do país.

A Europa, mergulhada no caos, sofrendo com o bloqueio continental e a devastação promovida pelas guerras napoleônicas, não conseguia manter o comércio pleno com outros países. Restava pouca concorrência para os produtos ingleses, que estavam em desenvolvimento acelerado devido à Revolução Industrial que acontecia a todo vapor na Inglaterra. Entender a abertura dos portos como submissão do comércio brasileiro aos interesses ingleses é desfazer a libertação do mercantilismo que se tornou um marco da liberdade econômica do Brasil.

O fato de haver interesse inglês na questão não significa dizer que esse interesse foi determinante ou que foi a única motivação para que acontecesse tal abertura. O interesse inglês na abertura dos portos brasileiros é inegável, e de fato aconteceu, ainda que não tenha sido o único interesse em jogo, havendo de fato demandas genuinamente brasileiras para tal. Havia um interesse claro do

---

21 José da Silva Lisboa, economista, historiador, jurista, publicista e político brasileiro. Foi uma espécie de "ministro da economia" de Dom João VI. (N. E.)

governo português para sobreviver e tornar o país que era a sede do império, numa nação economicamente viável. Essa versão faz mais sentido, inclusive do ponto de vista lógico.

Mas há limitações no que diz respeito ao "governo português". Por um lado, por estar com seu comércio ultramarino bloqueado pelos franceses, a abertura dos portos era interessante a Portugal, visto que o grosso de suas receitas vinha de tarifas alfandegárias, que agora deveriam provir do comércio a partir do Brasil; por outro, a perda do monopólio colonial representou uma tremenda perda de privilégios aos comerciantes de Portugal que, após a expulsão dos exércitos napoleônicos, se viram reduzidos a meros concorrentes dos ingleses, gerando grandes insatisfações. O "governo português", aqui, é dúbio: por um lado, sua "cabeça" – a Coroa – certamente se interessava irrestritamente pelo livre-comércio no Brasil, mas seu "corpo" – as instâncias intermediárias, que permaneceram em Portugal após a vinda da Família Real – não partilhava dos mesmos interesses.

Outros aspectos da vida nacional seriam alterados com a vinda de Dom João VI e da Corte portuguesa, notadamente no comportamento e na economia da sociedade brasileira. A escravidão como base da mão de obra na economia da cana de açúcar no Brasil, ainda pulsante no Novo Mundo, seria transformada com o crescimento dos centros urbanos causados pelas mudanças introduzidas no país pela vinda da Família Real.

Com a abertura dos portos para comércio e com as nações amigas e com o cancelamento da lei que impedia a criação de fábricas no Brasil, houve uma diversificação dos produtos da colônia. Consequentemente, houve uma migração de escravos para atender às mais novas demandas. Ocorreu ainda o aumento da exportação de produtos, como o açúcar e o café, que estavam fortemente ligados à mão de obra escrava.

As transformações seriam incessantes, até atingirem o topo em 16 de dezembro de 1815. Nesse dia, Dom João VI elevou o Brasil para o nível de Reino Unido de Portugal e Algarves, promovendo o Rio de Janeiro a sede da Coroa.

"Dom João VI conseguiu congregar em nossa história ações que fizeram do Brasil um ícone. O Brasil passou a estar, realmente, inserido no Ocidente. E percebam a beleza disso, o Brasil passa a ser Portugal, um Reino, passa a ter a sede do trono, sendo latino-americano, sendo uma antiga colônia", diz Thomas Giulliano.

Dom João VI chegou aqui como príncipe. Dona Maria estava viva, era a Rainha de Portugal, e tinha Dom João como herdeiro do trono, sendo o príncipe do Brasil. Logo em seguida ele se tornou rei, elevando o Brasil a Reino. "Sem dúvida, Dom João VI foi um homem chave na História do Brasil, personagem que recolheu a herança colonial anterior, instituiu e fundou o Reino Unido do Brasil e preparou a criação do Império do Brasil", comenta o historiador Flávio Alencar. "Ele é um homem cuja biografia vem sendo recuperada pela historiografia, mas que por muito tempo foi posto de lado, sendo muito criticado injustamente, quando, na verdade, foi um estadista genial", conclui[22].

Do outro lado do oceano, Portugal continuava sob o comando da Inglaterra. A resistência obstinada de portugueses, ingleses e espanhóis permitiu furar os bloqueios impostos por Napoleão e iniciar a série de campanhas vitoriosas que resultaria na queda do imperador francês na Batalha de Waterloo. Napoleão Bonaparte havia desconfigurado completamente as fronteiras dos países europeus e, após a sua derrota, as potências ocidentais se articularam para desenhar o novo mapa político do continente.

---

22 "Nem todas as críticas a Dom João VI são injustas: segundo algumas fontes, não era muito afeito aos estudos, e era demasiadamente hesitante e procrastinador – ainda que eu seja simpático à reconstrução de Dom João VI como um estadista de respeito, nas linhas de Oliveira Lima". VAINFAS, Ronaldo. *Dicionário do Brasil Joanino*. Rio de Janeiro: Objetiva, p. 120-21.

Representantes da França, Reino Unido, Império Austríaco, Rússia, Prússia e diversos reinos menores se reuniram no que ficou conhecido como o Congresso de Viena. O ministro francês, Charles-Maurice de Talleyrand-Périgord (1754-1838), procurou negociar uma solução política na qual a França não fosse responsabilizada pela catástrofe da Revolução que causara ao seu redor. O rancor e o ódio que Napoleão Bonaparte suscitou com a sua gana avassaladora por conquista fez com que os outros países considerassem a França culpada pelo caos ocorrido na década anterior. A situação do ministro francês era complicada.

Portugal encontrava-se ocupada pela Inglaterra, pelo que ela decidia as questões por Portugal, que não tinha sequer o direito de contestá-las, uma vez que seu rei se encontrava do outro lado do oceano.

Por sua vez, Talleyrand procurava aliados para votar em seu favor no Congresso e precisava encontrar uma maneira de os países não execrarem a França, decretando-a culpada. Nisso ele alertou a todos dos perigos das revoluções, dizendo que o que aconteceu na França era apenas sinal do que estava por acontecer no mundo inteiro. Talleyrand argumentou que o Brasil era a única potência monárquica do outro lado do oceano que poderia garantir a monarquia além-mar e aconselhou todo o Congresso a elevar o Brasil ao *status* de reino. Com a elevação, o novo Reino Unido de Portugal, Brasil e Algarves passaria a ser um membro votante do conselho europeu. As cortes acreditariam encontrar uma resistência contra as revoluções na América e, assim, a França ganharia um aliado.

A fim de progredir com sua busca por bancada, Talleyrand se aproximou da Família Real da Áustria, a casa de Habsburgo. Os Habsburgo tinham como filosofia casar as suas filhas com a finalidade de expandir o Império. A nova ideia era que, casando uma princesa portuguesa na América com um membro da família real da Áustria, os Habsburgo assumiriam em um novo patamar de poder mundial, fazendo-os reinar na Europa, bem como do outro lado do oceano. Para Portugal, essa seria a chance de ganhar um aliado forte e de se melhor reposicionar no jogo político internacional.

Foi com essa visão em mente que foi feita a união entre a casa de Habsburgo e a casa de Bragança, propondo um casamento entre um descendente da família austríaca e um descendente da família portuguesa.

A aliança entre Portugal e Áustria beneficiaria não apenas os dois países envolvidos, mas também a França. Com perspicácia inigualável, Talleyrand ajudou a negociar a união entre a Áustria e Portugal, diminuindo a desvantagem que a França tinha no jogo de poderes.

Estava lá a arquiduquesa da Áustria, uma Habsburgo, cuja família possuía um projeto de poder de séculos, com o intuito de dominar o mundo, só que por meio de casamentos.

Durante certo período a casa dos Habsburgo conseguiu isso. A família detinha o trono do Sacro Império Romano-Germânico, que era algo como a descendência do Império Romano, mas a parte alemã do Império, o que hoje conhecemos como Alemanha, Áustria, alguns países mais ao Leste e uma região da Itália. Os Habsburgo também possuíram o trono da Espanha e, com ele, todas as colônias do novo mundo unidas sob sua Coroa. Isto porque, ao possuir o trono da Espanha, o fizeram na época que se deu a União Ibérica, a fusão entre a Espanha e Portugal, juntamente com as suas colônias. Isso deu aos Habsburgo o ápice absurdo de poder imperial.

Mas engana-se quem imagina que foi uma monarquia estagnada; ao contrário, eles sempre se reinventavam. Não ficaram parados no tempo e constantemente procuravam o aperfeiçoamento dos seus príncipes, principalmente pela educação. O que ele fez foi elaborar uma estratégia na qual conseguiria uma aliada tão forte quanto a Inglaterra, a fim de contrabalançar a influência inglesa em seu reino.

A consumação de sua estratégia aconteceu no dia 13 de maio de 1817, quando o filho de Dom João VI, descendente da casa de Bragança, se casou com a princesa austríaca. É preciso se lembrar que o casamento entre seu filho e Leopoldina, desde o início, pareceu um casamento muito bom e uma ideia brilhante. Afinal, além das vantagens dinásticas e geopolíticas, houve também uma científica com a permissão da vinda da missão austríaca. Lembrando que não era permitido estrangeiros estudando o Brasil desde a época colonial, portanto, era um feito inédito ter naturalistas estudando botânica, antropologia, mineralogia, arqueologia, paleontologia, entre outras ciências, e descobrindo mais do Brasil e dando os primeiros passos dentro das ciências naturais.

O sonho de Dom João, de construir um império nos trópicos, parecia, enfim, estar realizado. Dentro de dois anos, acontecimentos inesperados dos ambos os lados do Atlântico o obrigariam a mudar de planos e a reassumir o papel que o destino lhe impunha. Em Portugal, alimentava-se a esperança de que, terminada a guerra com Napoleão, o rei retornaria a Lisboa. Mas Dom João via seu futuro no Brasil e acreditava que as chances de prosperar o país eram inéditas na história do mundo.

A Inglaterra temia a alternativa que, caso a Corte não retornasse para a Europa, o clima de insatisfação em Portugal poderia se tornar incontrolável, e essa nova situação, repetidamente, se tornaria oportuna e favorável aos revolucionários. Os temores ingleses se confirmaram e o fantasma da revolução sufocada ressurgiu em 1820, na cidade do Porto.

As sociedades secretas portuguesas, antevendo a possibilidade de acontecer em Portugal o caos instalado na França, naturalmente, revoltaram-se. Uma sociedade secreta local se mobilizou e realizou a famosa Revolução Liberal do Porto. Na manhã de 24 de agosto, tropas se rebelaram na cidade e declararam-se contrárias ao domínio inglês e contra Dom João VI.

"Os constituintes queriam submeter a Coroa, ou seja, submeter o rei à sua vontade. Eles queriam quebrar o Brasil em províncias desconexas e interligar tudo isso a um centro, em Lisboa, que seria organizado por meio da sua assembleia, ou seja, o parlamento", diz Rafael Nogueira.

Era um retrocesso sem qualquer sentido querer que o Brasil voltasse a ser colônia de Portugal, pois ainda era uma fonte de riquezas. Evidentemente, houve quem interpretasse essa manobra como uma tentativa de recolonização do Brasil e alguns autores da época emitiram opinião com esse viés.

Três dias depois do início da revolta no Porto, foi estabelecida a Junta Preparatória das Cortes. A Junta era um Conselho de Estado, conforme previsto pelo regime português. A última reunião desse conselho havia acontecido há mais de 120 anos. A ressurreição de um mecanismo como esse, por sua simples convocação, despertou nos portugueses o fantasma da guilhotina francesa, pois a autoridade real era limitada. As províncias deveriam não mais se reportar ao Rio de Janeiro, sede do corpo real, mas às Cortes de Lisboa.

O senso comum afirma que a Revolução Francesa começou no dia em que houve a Queda da Bastilha. "A rigor, a Revolução Francesa estourou de fato quando foi fundado um 'treco', chamado Assembleia Nacional Constituinte. A fundação de uma Assembleia Constituinte ameaça um rei e todo poder da situação sente que as coisas irão mudar quando se institui uma Assembleia como essa", diz Rafael Nogueira. A Junta Preparatória das Cortes emitiu para Portugal a mesma sensação que o rei Luís XVI teve.

Os revolucionários portugueses exigiam que a Corte retornasse do Brasil, lugar ao qual chamavam de terra dos macacos, dos pretos e das serpentes. Quando recebeu notícias do conflito, Dom João VI, mais uma vez, teria que tomar a decisão que selaria o seu destino. Se retornasse para Portugal, perderia o controle e a posse do país. O Brasil eclodiria em revoltas, seguindo os rumos das colônias espanholas vizinhas. Se permanecesse no Rio de Janeiro, perderia Portugal e poderia condenar o seu país nativo a uma nova tragédia nas mãos dos revolucionários, que pareciam incontíveis.

Diante dessa situação, se pergunta: quem arriscaria perder a cabeça diante de uma revolução dessas? Quem arriscaria perder o trono? Quem, pertencente a uma família real, arriscaria jogar a casa de Bragança no lixo da história? A situação exigia muita responsabilidade, cautela e estratégia.

Mas Dom João não era um estrategista amador. Ele já havia demonstrado ser um estadista hábil anos antes e, após muita discussão, Dom João VI surpreendeu a todos com uma nova estratégia. Anunciou que retornaria para Portugal a fim de negociar com as Cortes. Essa foi uma atitude inesperadamente corajosa.

Quando consultou o tesouro público, dos 220 milhões de libras esterlinas que tinha trazido de Portugal, só havia 15 milhões disponíveis. Os recursos para enfrentar o desafio eram escassos. O rei deixaria para trás um país completamente mudado, que o acolheu com alegria e otimismo. Mas ele não estava desistindo do Brasil, apenas realizando uma manobra que era parte da estratégia maior e mais ousada de sua vida, que agora estava em curso.

Todos deveriam voltar, a Corte inteira. O rei fez a difícil escolha de retornar sozinho e deixar seu filho no Rio de Janeiro com uma nova missão: governar o Brasil. Legando o Brasil aos cuidados de Dom Pedro, seu representante, Dom João VI retornou a Portugal. As Cortes não ficaram satisfeitas com esse estratagema, pois o rei legava um príncipe regente e dividia o poder.

Enquanto Dom João VI estava ausente, quem governava Portugal era a Inglaterra, tendo um plenipotenciário inglês, ou seja, um general inglês no comando. Portanto, quando houve a

Revolução do Porto, os sentimentos de Dom João eram de tristeza, amargura, talvez prevendo seu retorno forçado, seu afastamento do Brasil, o único lugar em que havia se considerado feliz. A terra que ele havia conseguido a fundar um império.

De todos os luxos da Corte, optar pela felicidade não era uma opção. A estratégia do rei o obrigou a separar-se de seu filho para sempre, em nome do futuro do Brasil. Dom João VI abandonava mais uma vez a sua vida, a sua família e a sua última esperança de ser um monarca feliz e realizado. Seus planos, o futuro de seu governo, o futuro que esperava dar ao Brasil, agora, estava nas mãos de seu filho.

4. Independência ou Morte

"A verdadeira felicidade está na própria casa, entre as alegrias da família"

– Leon Tolstói

O pequeno Pedro não vislumbrava a possibilidade de desfrutar essa felicidade. Apesar de ser o filho do futuro rei de Portugal, em seus dias a normalidade da vida lhe parecia distante. Odiado pela mãe, estimado pelo pai e vivendo sem o convívio de ambos, Pedro acabou por voltar-se para o seu irmão mais novo, Miguel (1802-1866).

Seus pais moravam separados e em lugares diferentes. O contato com a família era raro. Pedro e seu irmão moravam num palácio com a avó, que sofria de doenças mentais. Os quartos e salas do palácio, obviamente, eram enormes, os móveis antigos, as janelas sempre fechadas, e a solidão e os gritos da avó ecoavam pelos corredores do extenso casarão.

O pouco contato que tinham com as pessoas, fez com que Pedro e Miguel desenvolvessem uma relação de amor e ódio um pelo outro. Compartilhavam a aparência, as feições e o temperamento impulsivo. Restando apenas Miguel com quem se relacionar, em meio à solidão e os surtos da avó, entre brigas e brincadeiras com o irmão, crescia o menino.

Nos jardins do palácio, Pedro organizava pequenas tropas compostas por seus amigos e enfrentavam as tropas inimigas do irmão, sendo Pedro, quase sempre, o vencedor da brincadeira. Mal sabiam eles que essas batalhas de faz de conta seriam o prelúdio de uma disputa real.

O Dom Pedro I, nascido no palácio de Queluz, na sala Dom Quixote, em 12 de outubro de 1798, foi uma criança abandonada. Ele havia começado a ser educado em Portugal, mas com a mudança de toda a Corte para a América, a sua educação acabou se perdendo. E uma criança que viaja para qualquer outro país aos nove anos de idade irá absorver a língua, falará fluentemente, se sentirá natural daquele país. E no caso de Pedro I, as crianças de São Cristóvão iam para a rua, brincavam com ele, de modo que o menino desenvolveu uma relação muito forte com o povo no Brasil e com a cidade do Rio de Janeiro.

Por outro lado, Leopoldina vinha de uma família que preparava os filhos para governar ou assistir seus pares no governo. Tendo estudo extenso, misturado ao aprendizado de mineralogia, também compreendia bem a política do período tendo assistido e vivido na Europa convulsionada pelas guerras napoleônicas. Viena chegou a ser tomada duas vezes por Napoleão e por duas vezes ela e a sua família tiveram que fugir da cidade.

Mesmo em meio a essa balbúrdia que foi a sua infância, tendo perdido a mãe, depois veio a perda da madrasta, Leopoldina recebeu uma educação esmerada, como era requerido a uma Habsburgo que tivesse. Uma das disciplinas que os príncipes Habsburgo tinha de cumprir era fazer teatro. O teatro era a forma como se aprendia a lidar com o público, que era o seu povo. Por essa disciplina se começava o aprendizado sobre como se portar, como falar, como se tornar uma figura pública.

Mas havia outras matérias, como a matemática e a geometria, coisas que na época eram só para homens. Mas as mulheres Habsburgo penetravam esse universo. O que as demais pessoas teriam que batalhar para conquistar, eles conquistariam por intermédio do casamento e pelo amor, por Vênus.

Com isso, os Habsgurgo começaram a criar as melhores princesas na arte de governar. O casamento dinástico entre duas famílias era um tratado diplomático. Leopoldina estava imersa numa sociedade que vivia o início do Romantismo. E foi com ares românticos que recebeu de presente um medalhão de diamantes contendo a efígie de Dom Pedro. Todos na Corte vienense ficaram embasbacados com o tamanho dos diamantes, mas Leopoldina se fixou na imagem do seu príncipe, apaixonando-se pelo rapaz do retrato.

A festa de casamento ocorreu em Viena e foi chamada de a festa brasileira, não uma festa portuguesa, porque os austríacos estavam se casando com o Brasil, com a esperança desse novo império nos trópicos.

Dom João VI enviou navios portugueses para o Livorno para trazer a "futura rainha de Portugal", como se gritava à época. Vestida com um manto de seda branco, bordado de prata e ouro, um fino véu lhe recaía sobre o rosto. No pescoço, portava um colar que, apesar da imponência, chamava atenção não pelos brilhantes, mas pelo retrato feito em ouro com o rosto do marido. Foram meses idealizando a sua vida com o homem do retrato que agora a podia abraçar.

Em pouco tempo nasceu a primeira filha, Maria da Glória (1819-1853), que foi motivo de grande felicidade para o casal. Ela criaria um laço de união mais forte entre eles que, como qualquer pai amoroso e orgulhoso da prole, assistia de perto o seu crescimento, e preocupavam-se com a sua educação. Sobretudo porque, diferente de outras famílias dinásticas, a Coroa Portuguesa não proibia que mulheres herdassem o trono, portanto, Maria da Glória era a herdeira legítima.

No entanto, nem tudo era felicidade. A medicina ainda não avançada da época não impediu que a Princesa e Dom Pedro perdessem um filho bebê e outro ainda em gestação. As mortes prematuras de dois filhos seriam o preâmbulo de um ano conturbado.

O Velho Continente europeu não era mais o mesmo. As guerras de Napoleão e os ideais da Revolução Francesa deixaram marcas profundas, não apenas na geografia, mas também no imaginário popular. Embora alguns reis tenham recuperado os tronos usurpados por Napoleão, eles nunca mais tiveram o poder que outrora usufruíram, e uma nova era política estava apenas começando. As notícias que chegavam ao Brasil causavam temor no povo e na Coroa, dando conta de que a Revolução que acontecera em outras nações chegava à cidade do Porto.

A revolução que nasceu no Porto migrou para Lisboa com a seguinte ideia: formar uma Assembleia Nacional Constituinte, escrever uma constituição, obrigar o rei a assiná-la e a obedecê-la, trazer o rei de volta e criar uma monarquia parlamentar à moda inglesa, avalia Rafael Nogueira.

"Recentemente, a Espanha tinha feito algo parecido e a Espanha tinha imitado a França. A Assembleia Nacional Constituinte era um dos primeiros movimentos desse processo revolucionário", conta Nogueira.

Estava em curso uma conjuntura ímpar, como analisa Rafael Nogueira:

> Primeiro, tinha a circunstância da falta de funcionalidade da administração pública em Portugal. Outra circunstância era o Brasil como aquele que centralizava o comércio internacional, e com Portugal empobrecendo. E tinha outra circunstância que era Portugal sendo governado, primeiramente por um rei estabelecido do outro lado do Atlântico, onde antes era a colônia, mas ao mesmo tempo por um administrador inglês e com a Inglaterra se intrometendo nos assuntos internos.

Os revoltosos tomaram as Cortes, exigiam que a Coroa retornasse a Portugal e que o Brasil voltasse ao *status* de Colônia.

Dom João VI enfrentou as duas opções amargas e excludentes de ter que decidir entre ficar no Brasil ou voltar para Portugal.

Percebendo o impasse da Família Real, as tropas portuguesas que estavam no Brasil exigiram que o rei aceitasse a Constituição que estava sendo imposta. Dom Pedro, em um de seus atos de bravura, tomou as rédeas da situação, enviou soldados e suprimiu a confusão estabelecida pelos revoltosos. Mostrando-se hábil para agir em situações como esta, Dom Pedro ganhava a confiança do pai e dos ministros, levando Dom João VI a, finalmente, tomar a decisão de voltar sozinho para Portugal, deixando seu filho como Regente do Brasil.

Mas o rei, antes de partir, teve uma conversa a sós com seu filho e lhe deu o conselho que marcaria para sempre a vida dele.

"Dom João teria dito o seguinte para Dom Pedro: se for para perder o Brasil, que seja para ti e não para esses aventureiros", conta Rafael Nogueira.

Antes da melancólica partida, Dom João VI convocou eleições para eleger juntas governamentais nas principais províncias. Essa era uma maneira de ajudar o Reino do Brasil a manter sua autonomia política perante a revolução das cortes.

Por aclamação, um homem chegou à vice-presidência do governo de São Paulo. Era José Bonifácio de Andrada e Silva, um brasileiro com formação acadêmica ímpar, fluente em diversas línguas, e que tinha visto a Revolução Francesa acontecer diante de seus olhos. José Bonifácio lutou com arma em punho contra o exército revolucionário francês e estava de volta ao Brasil para mudar a história de uma nação para sempre.

Enquanto a maioria das juntas governamentais recém-formadas eram seduzidas pela pressão das Cortes portuguesas, o governo de São Paulo, com José Bonifácio, foi o primeiro a reconhecer a autoridade de Dom Pedro como príncipe regente. Tal feito chamou a atenção do príncipe, que escreveu para seu pai a respeito do homem que reputava ter garantido a tranquilidade na província de São Paulo.

Foi no primeiro dia do ano de 1822 que Dom Pedro recebeu o manifesto escrito por Bonifácio e subscrito por toda a junta paulista. Na carta, Bonifácio alertava que o governo português pretendia impor um sistema de escravidão ao Brasil, e completou dizendo que os paulistas estavam "prontos a derramar a última gota do seu sangue e a sacrificar todas as suas posses para não perder o adorado príncipe".

Rafael Nogueira conta que Bonifácio, estando em uma janela e tendo o povo reunido a ouvi-lo, alertou: "Nós estamos vendo que no Brasil, as pessoas estão pegando em armas e estamos tendo problemas. Não é melhor para São Paulo manter a lealdade ao nosso rei? Não tivemos problemas com ele, e nós mesmos temos que nos reorganizar". Terminado o discurso, todos o aplaudiram.

Dom Pedro percebeu o valor da carta e, comovido pela súplica de um homem que estimava muito, ainda antes de conhecê-lo pessoalmente, mandou publicá-la nos jornais. Após a publicação da carta, houve uma mobilização geral da sociedade civil para que Dom Pedro permanecesse no Brasil. Cartazes foram espalhados pela cidade do Rio de Janeiro, alertando a população sobre os perigos da revolução em Portugal. Os ânimos se acirraram, brigas e embates entre portugueses e brasileiros se tornaram frequentes. O povo brasileiro havia expressado publicamente a sua vontade: desobedecer às Cortes portuguesas.

As Cortes queriam retirar o poder do Brasil através da descentralização do Rio de Janeiro, ou seja, as províncias brasileiras deveriam não mais responder à capital brasileira e sim a Lisboa. Enquanto isso, os tribunais deveriam ser fechados, tal como era no período anterior à chegada de Dom João VI, quando todos os processos precisavam cruzar os mares para serem analisados por um juiz em Portugal, totalmente distante dos costumes e situações do país de origem do processo.

O povo, naturalmente, queria se livrar desse entrave. Os brasileiros não suportavam mais a pressão dos portugueses e o contrário também era verdadeiro: os portugueses não mais suportavam os brasileiros. Houve quebra-quebra nas ruas e um conflito entre os dois povos.

A onda de pedidos insistindo para que o príncipe regente permanecesse no país veio dos mais diversos lugares e foram feitos abaixo-assinados em diferentes estados. Resguardado pelo apoio político de Bonifácio e alinhado à vontade dos brasileiros, faltava a Dom Pedro apenas a aprovação de uma pessoa ainda.

Leopoldina já tinha uma visão muito mais adiantada do que a do esposo nesse momento. Sabia que se cumprisse o que as Cortes queriam, ou seja, retornar imediatamente para Portugal, o Brasil ficaria desprotegido e poderia, inclusive, acabar revolucionando como as colônias da América espanhola. Havia províncias que pretendiam obedecer a Lisboa, mas outras não, portanto, a chance destas fazerem sua própria independência era certa. Dessa forma, o Brasil poderia se tornar uma miscelânea de países independentes e, possivelmente, em guerra uns com os outros, ou com Portugal.

Leopoldina entendeu que esse modelo não serviria ao Brasil, que já sentia o gosto de ser um Estado administrativamente independente desde a época do Dom João. Antevendo essa situação, Leopoldina começou uma articulação para não sair do país.

Tanto José Bonifácio quanto Leopoldina desejavam a permanência de Pedro no Brasil. Ambos acreditavam que, caso o príncipe voltasse para Lisboa, o país não seria capaz de resistir ao furor revolucionário. O extenso território não suportaria a vacância do governo central em 1822. O Brasil ainda era suscetível a movimentos rebeldes e independentistas, que mergulhariam o Reino em um caos político e social, assim como aconteceu nos territórios vizinhos da América espanhola.

Rafael Nogueira diz que, analisando os escritos de Bonifácio, é possível interpretar o que ele pensava sobre a Revolução Francesa. Para ele, se se deixasse correr aqui o rio de sangue como foi na Europa, algum oportunista se aproveitaria da situação para governar, o que aumentaria o rio de sangue. O Brasil se partiria em pequenas republiquetas que mal teriam condições de governar a si mesmas.

Era preciso evitar que o Brasil tomasse o mesmo rumo da América espanhola e da Revolução Francesa. Isso está claro pelos escritos de Bonifácio, que pensa ter sido a Revolução Francesa um caos promovido por anarquistas loucos, carbonários[23], sanguinários. E o que Bonifácio pensava das revoluções da América espanhola? Que eram revoluções mal encaminhadas, que fizeram com que um grande e poderoso território se partisse em pequenas republiquetas, conclui Nogueira.

As ameaças a Dom Pedro vindas das cortes se tornaram frequentes e o príncipe oscilou entre as opções de escolha que tinha. A questão se tornou irremediável quando as cortes dissolvem o governo e ordenam, mais uma vez, a volta do regente.

Num dado momento, Dom Pedro praticamente foi ameaçado pelas cortes a voltar, ao que ele respondeu que iria. Então, José Bonifácio, escreveu uma carta para Dom Pedro, com um tom elevado, na qual disse que se ele tivesse a honra de homem ou de um príncipe, deveria ficar no Brasil. Se não ficasse, ele seria o responsável pelo rio de sangue que correria por aqui.

Ao mesmo tempo em que isso acontecia, um imprevisto ocorreu com Leopoldina. Ela estava grávida novamente. Percebe-se que Bonifácio e Leopoldina estavam intelectualmente entrosados, mesmo antes de se conhecerem. Do mesmo modo a população, todos tinham o mesmo parecer a respeito da decisão que se esperava que Dom Pedro tomasse.

---

23 Os carbonários foram uma sociedade secreta surgida em Nápoles, Itália, em 1810, no contexto das guerras napoleônicas. Eles tiveram intensa atuação política e, como muitas sociedades secretas, os carbonários mesclavam rituais religiosos a programas políticos e atividades culturais. Deriva daí a atração que exerciam sobre integrantes os mais diversos, de poetas a guerrilheiros e políticos. Suas reuniões ocorriam secretamente em cabanas de carvoeiros, de onde vem o nome "carbonário", de carbono ou carvão. (N. P.)

Bonifácio enviou a carta e em seguida foi pessoalmente com o seu irmão, acompanhados por uma comitiva paulista, levar a Dom Pedro um abaixo assinado feito pelos paulistas. Os mineiros levaram uma petição pedindo para que ficasse. A população do Rio de Janeiro, algo em torno de 60 mil habitantes, produziu um abaixo assinado com oito mil assinaturas pedindo a permanência de Dom Pedro. Em outras palavras, essa mobilização não foi arquitetada por duas pessoas. Ela expressava o desejo de pessoas de todos as camadas sociais da sociedade brasileira: romper com Portugal.

Influenciado por sua esposa e por amigos mais próximos, percebendo o clamor popular por sua permanência, Dom Pedro se sentiu confiante para tomar a decisão que era aguardada. No dia 9 de janeiro de 1822, do Paço Imperial, Dom Pedro dirigiu-se a um público apreensivo, porém esperançoso, e proclamou a sua permanência no país, no que ficou conhecido como O Dia do Fico. Para o pesquisador Thomas Giulliano, "o Dia do Fico representou um caminho sem volta, em que nós não éramos mais membros do Estado português, mas éramos o Brasil".

O evento, porém, não significou o rompimento oficial e completo com Portugal. Não era esse o entendimento que Bonifácio tinha em relação com o Velho Mundo. Sua ideia de criar uma liga de nações lusitanas ainda prevalecia e se vislumbrava a possibilidade de uma reconciliação entre pai e filho, a princípio. Pretendia-se ter de fato um Reino Unido Portugal, Brasil e Algarves, em que a autonomia seria fundamental, ao mesmo tempo, sem traços de metrópole e colônia, isto é, sem qualquer hierarquia. Além disso, dividiriam os custos de um Exército em comum, assim como dividiriam a sede da Corte. Mas as cortes portuguesas insistiam em rebaixar o Brasil ao seu *status* anterior a 1808.

Poucos dias após o pronunciamento de Pedro, comunicando que permaneceria no Brasil, o Tenente-general Jorge de Avilez (1785-1845), acreditando na fragilidade do príncipe novato, organizou suas tropas para dar um golpe e assumir o governo brasileiro. O general português já havia tentado um golpe anteriormente, mas, após negociação com Dom Pedro, concordou em dar uma trégua ao príncipe. Dessa vez, Dom Pedro deixou de lado o diálogo e as negociações, e entendeu que era hora de agir.

Amotinando-se na Praia Grande, em Niterói, Avilez e suas tropas se fortificaram em um local estratégico. Percebendo a gravidade do gesto, Pedro reagiu, enviando tropas do Exército e civis armados para combater Avilez. Com mais uma vitória do príncipe, o general português e seus homens foram expulsos do Brasil, definitivamente.

O conflito fortaleceu em Pedro a ideia de que ele precisava de aliados para manter a estabilidade política. José Bonifácio já havia se mostrado extremamente útil por ter estabilizado São Paulo e mostrado seu apoio à Coroa. Dom Pedro não perdeu tempo e o elegeu para o cargo ministerial mais importante. Bonifácio assumiria a Secretaria de Estado dos Negócios do Império e Estrangeiros, se tornando o primeiro brasileiro nascido em nosso solo a ocupar um cargo ministerial. Porém, quem daria tal notícia ao velho sábio não seria o príncipe.

Para Rafael Nogueira, o gesto de Pedro tinha mais razões por trás da simples nomeação. Naquele momento, os ministros portugueses estavam em dura tensão com Dom Pedro, e eles ameaçavam pedir demissão. Dom Pedro demitiu a todos e contratou José Bonifácio. Então, antes mesmo da Proclamação da Independência do Brasil, José Bonifácio já era o ministro principal de Dom Pedro.

A instabilidade fez com que Leopoldina decidisse se refugiar na fazenda de Santa Cruz. Ela saiu da cidade por temer o perigo das ruas. Haviam passeatas e manifestações constantes e muita briga nas ruas.

Bonifácio e Leopoldina se conheceram de modo um tanto quanto informal. Ele levava o abaixo assinado dos paulistas para Dom Pedro e ela estava instalada na fazenda de Santa Cruz, distante da capital. Ela foi ao encontro deles, e ao cumprimentá-los, percebeu que José Bonifácio estava ali. Leopoldina já tinha ouvido falar dele, afinal, foi ele quem enviou a carta que ocasionou O Fico.

Ela o cumprimentou e eles começam a conversar em francês, pelo que consta, segundo Rafael Nogueira. Leopoldina sabia do tempo que Bonifácio passou na França. Depois eles mudaram para alemão, talvez porque ele tenha percebido que era o idioma nativo da sua interlocutora. E ela teria ficado felicíssima por conversar em alemão e a comitiva também, por saber se tratar de uma princesa culta, que percebe o que Portugal está fazendo e faz questão de se posicionar favoravelmente aos brasileiros, reafirmando que compartilha dos mesmos ideais que eles, o que os deixa encantados.

Segundo Rafael Nogueira, Bonifácio foi convidado a assumir o cargo de ministro no governo, mas negou o convite, em princípio, dizendo não querer ocupar o posto. Foi preciso que Dom Pedro insistisse muito e que Leopoldina também fizesse o pedido, até que ele aceitou. E Leopoldina disse apenas uma frase, que foi registrada: "Eu nunca tive uma impressão tão forte, tão arrebatadora, quanto a que eu tive ao conversar com aquele José Bonifácio". Ela percebeu nele um gigante.

As notícias da capital do Império demoravam até percorrer o extenso território brasileiro. Apesar da aclamação dos cariocas, o príncipe regente não sabia se receberia o apoio do restante do país para sua permanência no Brasil. Agora ministro, Bonifácio recomendou ao príncipe fortalecer os laços com a província e buscar apoio para a sua causa. "Em outras palavras, o projeto de José Bonifácio de manter Dom Pedro no país a fim de sustentar um império no Brasil como um sucessor do império português é o que estava prosperando", analisa Rafael Nogueira.

O Rio de Janeiro havia se declarado fiel ao príncipe e às suas decisões. Dom Pedro e sua comitiva partiram para Minas Gerais.

Em Minas Gerais havia um problema, uma situação complexa. Parte dos possíveis apoiadores eram fiéis e leais a Lisboa. Mas a ida de Dom Pedro à província o fez conquistar o povo. Dom Pedro percorreu o caminho necessário para obter o apoio. "Ele discursou nas sociedades secretas, bebeu com o povão, visitou as mulheres dos nobres, enfim, ele corrompia a estrutura portuguesa que já havia e trazia a todos para o seu lado. Foi um grande sucesso! Ele foi aclamado, jogado para o alto. Era um 'molecão'. Imagine, 24 anos de idade e era o príncipe, andando por lá", diz Rafael Nogueira.

Antes de seguir viagem, Dom Pedro deveria nomear um substituto para ocupar a regência. Ele decretou que a sua esposa, a princesa Leopoldina, governaria em seu lugar durante sua ausência. Era primeira vez na história que uma mulher comandaria o país. A grosso modo, poder-se-ia dizer que a primeira chefe de Estado do Brasil, ou em solo brasileiro, foi Leopoldina, o que não pode e nem deve ser esquecido pela história. Ela foi a primeira governante durante a proclamação da Independência.

Em meados de agosto de 1822, Dom Pedro seguiu para São Paulo, onde parte da junta governamental decidiu apoiar as decisões que vinham das cortes portuguesas.

Com relação ao estado das coisas, era necessário fazer o mesmo que havia sito feito na província mineira: garantir a paz e a soberania do Brasil. Dom Pedro recebia apoio da população rural e os fazendeiros saudavam o príncipe e sua comitiva por onde passavam. Mas chegaram ao Brasil as mais novas reivindicações das cortes de Lisboa, e elas rebaixaram o príncipe Dom Pedro a mero delegado temporário. Os novos representantes do governo brasileiro passariam a ser eleitos em Lisboa, e os novos eleitos não aceitariam as leis definidas pelo governo brasileiro e deveriam punir todos aqueles que desobedecessem às suas ordens.

Com a chegada dessas notícias, Leopoldina convoca uma sessão do Conselho de Estado, onde se reúnem para deliberar que a melhor coisa a se fazer é aconselhar o príncipe pela separação do Brasil. Isso demonstra, primeiramente, que ela estava à frente desse processo pelo qual o país passou, como também, em segundo lugar, o nível de alinhamento de Leopoldina com Dom Pedro. Do contrário, ela sequer presidiria o Conselho de Estado que dirigisse os movimentos do país para essa direção, se não estivesse com o seu discurso alinhado ao de Dom Pedro.

Para Luiz Philippe de Orleans e Bragança, Leopoldina era boa articuladora entre o Conselho de Estado e o próprio marido. "Uma mulher muito sagaz, e ela via que o melhor para aquele contexto era, de fato, a independência para o Brasil. Ela estava casada com esse intento há muito tempo, ao passo que Dom Pedro I, talvez não. Ele ainda estava dosando algumas decisões".

Na reunião do conselho, José Bonifácio chegou à conclusão que havia esgotado as possibilidades de conciliação com Portugal. O Brasil fizera o possível para contornar a situação, mas as relações haviam chegado a um ponto incontornável. O destino do Brasil clamava por um rompimento com a Coroa portuguesa. Em seguida, ele enviou um mensageiro para entregar a Pedro a carta que informava sobre a decisão do Conselho, arquitetada por ele e Leopoldina.

É importante pontuar que a ata da reunião do Conselho de Estado, em que a separação de Portugal era decidida, foi assinada por Leopoldina, e posteriormente ratificada por seu esposo, o que enfatiza ainda mais a importância política dela na Independência do Brasil.

Rafael Nogueira completa, dizendo que Dom Pedro "recebe cartas, as cartas da Dona Leopoldina e as cartas de José Bonifácio solicitando a sua aprovação, explicando para ele o que tinha acontecido". Leopoldina deu a sua percepção ao dizer para ele que aquele parecia ser o momento, já que a oposição não parecia estar disposta a conversar. Além disso, muitos homens chegavam e se reuniam com o intuito de levar Dom Pedro à força.

A emblemática carta de Bonifácio também chegaria a Dom Pedro no fatídico dia. Ela dizia:

> *Senhor, as cortes ordenaram a minha prisão por obediência a Vossa Alteza, e no seu ódio imenso de perseguição atingiram também aquele que preza em o servir com lealdade, e a dedicação do mais fiel amigo e súdito. O momento, não comporta mais delongas, ou condescendências, a revolução já está preparada para o dia de sua partida. Se parte, temos a revolução no Brasil contra Portugal. E Portugal atualmente não tem recursos para subjugar um levante que é preparado ocultamente, para não dizer, quase visivelmente. Se fica, tem Vossa Alteza contra si o povo de Portugal, a vingança das cortes, e direi, até, a deserdação que dizem, já está combinada. Ministro fiel, que arrisquei tudo por minha pátria, e pelo meu príncipe, servo obedientíssimo do senhor Dom João VI que as cortes têm na sua detestável coação e eu, como ministro, aconselho a Vossa Alteza que fique e que faça do Brasil um reino feliz, separado de Portugal, que é hoje escravo das cortes despóticas. Senhor, ninguém mais que sua esposa deseja a sua felicidade. E ela lhe diz, em carta que com esta será entregue, que Vossa Alteza deve ficar, e fazer a felicidade do povo brasileiro, que o deseja como seu soberano, sem ligações de obediência às despóticas cortes portuguesas que querem a escravidão do Brasil e a humilhação do seu adorado príncipe regente. Fique. É o que todos pedem ao magnânimo príncipe que é Vossa Alteza, para o orgulho e felicidade do Brasil. E se não ficar, correrão rios de sangue, nesta grande e nobre terra, tão querida do seu real pai, que já não governa em Portugal pela opressão das cortes. Nesta terra, que tanto estima Vossa Alteza, e a quem tanto Vossa Alteza estima.* [foi atualizada a grafia]
>
> — José Bonifácio de Andrada e Silva

Arrancando a braçadeira azul e branca que simbolizava Portugal, Pedro atirou-a ao chão e disse: "Tirem suas braçadeiras, soldados! Viva a Independência, a liberdade e a separação do Brasil!". O Príncipe ergueu a espada, no que foi seguido pelos militares. Os paisanos tiraram os seus chapéus e Dom Pedro disse: "Pelo meu sangue, pela minha honra, pelo meu Deus, juro fazer a liberdade do Brasil! Brasileiros! A nossa divisa de hoje em diante será – INDEPENDÊNCIA OU MORTE!". Era 7 de setembro de 1822.

Em vez de permitir que o Brasil se desmantelasse como pequenos províncias e fossem lideradas por caudilhos, Dom Pedro I conseguiu manter o Brasil com a continentalidade que lhe é peculiar, a partir de sua força simbólica, escorado por grandes políticos. A medida tomada por Dom Pedro I foi acertada, mas de modo mais amplo, como êxito na condução dos destinos do país, não foi uma vitória particular, mas também de homens como José Bonifácio e de mulheres como a própria Leopoldina.

A independência do Brasil possui uma característica muito própria, e em alguns pontos similar à americana. Tanto no Brasil quanto nos Estados Unidos, não foram os colonizados ou invadidos que lutaram pela libertação dos colonizadores ou invasores, foram aqueles que viviam aqui, alguns destes sendo portugueses que não queriam retornar ao estado anterior a 1808.

Em nada se parece com as guerras fratricidas dos países hispano-americanos, e sim como uma batalha pela emancipação do país.

Para Bruno Garschagen, "parece ter ficado muito claro para as elites intelectual, econômica e política brasileiras, que a volta de Dom João VI seria um retorno ao estágio anterior. Isso deve ter chamado a atenção do próprio Dom Pedro I, que se sentia brasileiro, para essa necessidade do Brasil se tornar um país independente".

Quando Dom Pedro e sua comitiva retornavam de São Paulo para o Rio de Janeiro, a organização do mais novo império das Américas começava a se formar pelas mãos do ministro Bonifácio e da, agora, imperatriz Leopoldina. Ela, juntamente com Bonifácio e o artista francês Jean-Baptiste Debret (1768-1848), idealizaram e desenharam o que seria a bandeira do Império do Brasil.

A bandeira uniria o verde da família Bragança ao amarelo da família Habsburgo. No coração da bandeira estava a cruz da Ordem de Cristo, que simbolizava o começo da trajetória de homens destemidos, que um dia cruzaram o Atlântico e encontraram o paraíso tropical.

Os homens que primeiramente chegaram aqui não poderiam imaginar o destino que a cruz trazida por eles teria. Agora lá estava ela, depois de séculos de história e de batalhas, presente na bandeira hasteada por um povo que, finalmente, era independente. Estudioso e amante da música, Pedro I deixaria mais uma de suas marcas na História. Fazendo um arranjo para a letra de uma poesia prestigiada pela Corte, compôs o Hino do Império do Brasil.

No dia em que Dom Pedro completara 24 anos de idade, o povo saiu às ruas do Rio de Janeiro para aclamar o seu imperador. Uma exuberante passeata, seguida de uma grande festa eclodiram na cidade. Poucos meses depois, a cerimônia de coroação aconteceria na Capela Imperial. Vestido de tons verde e amarelo, o imperador recebeu a sua coroa. "Por graça de Deus e Unânime Aclamação dos Povos, Sua Majestade Imperial Dom Pedro I, Imperador Constitucional e Defensor Perpétuo do Brasil".

Para o cientista político e tetraneto de Dom Pedro II (1825-1891), Luiz Philippe de Orleans e Bragança, a decisão da aclamação de Pedro I obedece a uma questão de princípio da ciência política, que nós, como brasileiros, desobedecemos sistematicamente. É o princípio da legitimidade.

> Ele quis a independência. A independência foi feita por ele, ele era o poder legítimo, portanto, só ele tinha legitimidade de ser o imperador. Todos viam isso. Sem ele, o que aconteceria? Portugal imediatamente reconquistaria o Brasil. Note a importância de se aclamar um rei naquele momento. O risco era a própria independência. Então, para todos aqueles que aclamaram Pedro I, eles entendiam a dinâmica política da coisa.

Embora relativamente pacífica se comparada com outros processos emancipatórios, a independência brasileira não foi, de forma alguma, um processo indolor. Houve revoltas organizadas por grupos insatisfeitos com a decisão tomada por Dom Pedro I ao declarar a independência. "Teve batalhas de independência. Houve batalhas para assegurar o território nacional, com portugueses espalhados por toda parte e muitos desses se rebelaram imediatamente contra o intento da independência. Então houve muita revolta, muito conflito com isso", diz Luiz Philippe de Orleans e Bragança.

Rafael Nogueira conta que "houve uma guerra tremenda na Bahia. Se sabe que houve até heroísmo. Maria Quitéria (1792-1853) foi uma mulher heroica, houve padres pegando em armas, lutando por aquilo em que acreditavam ser o melhor para o país".

Rapidamente, Dom Pedro e José Bonifácio tiveram que adquirir armamentos e organizar tropas nacionais. A Marinha brasileira, na ocasião do episódio, contava com poucos navios, grande parte deles oriundos da vinda da Família Real, em 1808, e em péssimo estado de conservação. Os marinheiros disponíveis, em sua maioria, eram portugueses. Foi preciso contratar mercenários estrangeiros. Era imprescindível para a Independência que a Marinha brasileira fosse capaz de afastar a frota portuguesa, que estava bloqueando os portos do norte do país e impedindo a comunicação entre as províncias.

José Bonifácio organizou o lado brasileiro. Ele trouxe um ex-general de Napoleão, o Labatut (1776-1849) e o colocou para comandar as forças por terra. Chamou ainda um homem habilidoso nos mares, um pirata, o lorde Cochrane (1775-1860), e nomeou para assumir as lutas por mar, dando prioridade para essa frente. Bonifácio considerava que se vencêssemos as lutas do mar e impedíssemos que os soldados chegassem por essa via, as cidades não seriam devastadas e a população não sofreria com a guerra.

Priorizar a guerra pelo mar foi uma estratégia muito inteligente do ponto de vista militar, pelo que Bonifácio é considerado um homem tão importante para a Marinha do Brasil e um dos seus fundadores. Então, a Marinha foi bastante equipada, por ter sido a prioridade brasileira no momento, mas as batalhas por terra também foram vencidas, sobretudo na Bahia e na região onde hoje estão o Piauí e o Maranhão, onde ocorreram a maior parte das batalhas.

As batalhas como a de Jenipapo (1823), de Pirajá (1822), de Itaparica (1823) e o cerco de Montevidéu (1823-24) são alguns dos diversos confrontos sangrentos entre patriotas e portugueses que jamais deverão ser esquecidos. O jornalista e escritor Aristóteles Drummond informa que "No total, estima-se que morreram mais de 3 mil pessoas durante as guerras de independência". Considerando que o Brasil, na época, tinha cerca de quatro milhões de habitantes, a batalha ceifou um número expressivo de vidas, e a Independência brasileira foi forjada com o sangue desses guerreiros.

O sonho de José Bonifácio parecia estar finalmente realizado com a preservação da unidade do território nacional garantida. Os problemas, a partir de então, se dariam internamente. A organização do governo não seria uma tarefa nada fácil. Interesses escusos dariam as cartas nesse momento e acabariam por colocar Bonifácio e Dom Pedro um contra o outro.

Dom Pedro conheceu Domitila de Castro (1797-1867), a Marquesa de Santos, em agosto de 1822, na cidade de São Paulo. No final daquele ano ela enviou uma carta para o imperador, dizendo que estava grávida dele. Ele a chamou para a Corte e ela veio, chegando no primeiro semestre de 1823. Inicialmente, a relação de ambos se deu totalmente às escondidas, até que no final de 1824 em diante, o caso entre ambos começa a se tornar aberto e conhecido. Após a abertura do seu relacionamento, a Marquesa de Santos passou a ter um peso político que antes ela não tinha.

"Pelas cartas se nota uma grande ternura entre eles. Mas Dom Pedro, de fato, tinha esse hábito de, digamos assim, *pular a cerca*. Mas com a Domitila não foi uma simples traição de momento. Parece que, naquele momento, ele se apegou a ela, que era casada. Então, para acalmar o marido, Dom Pedro distribuiu títulos de nobreza", informa Rafael Nogueira. E ao assumir uma amante nesses moldes estando no governo do Brasil, Dom Pedro acabou por dar um peso político a ela. Acabou havendo poderes paralelos. Havia aqueles que recorriam a uma ou a outra, e cada qual com seus súditos e interesses políticos.

Bonifácio, como figura paterna de Dom Pedro, assistiu de perto à má influência que a marquesa exerceu sobre o imperador. Ele o aconselhou diversas vezes a desistir do relacionamento, mas Dom Pedro, cego pela paixão mordaz, se voltara contra aquele que o ajudara a conquistar a tão desejada Independência. A vida pessoal de Dom Pedro começou, assim, a interferir na estabilidade do Império.

"José Bonifácio marcava reuniões e reuniões, e Dom Pedro não comparecia a nenhuma, simplesmente desaparecia", diz Rafael Nogueira. Isso irritou Bonifácio, que começou a brigar constantemente com Dom Pedro, que retrucava, com esquivas, atacando Bonifácio sob pretexto de que ele queria governar em seu lugar. "Era essa a ideia que a Domitila colocava na cabeça dele", completa Nogueira.

Bonifácio, então, pediu demissão e saiu do governo. Pego de surpresa, Dom Pedro teve o descaramento de enviar uma carta para Bonifácio pedindo informação sobre quem deveria ser nomeado para o cargo. Bonifácio acolhe o pedido e sugere nomes adequados ao cargo e alerta para outros não recomendáveis. Quem entrou em cena nesse momento foi a esposa, Leopoldina, que diz para ele readmitir Bonifácio. Para o bem de todos, Dom Pedro deu ouvidos a ela, procurou e encontrou Bonifácio, e diante dele, dizem que o imperador se ajoelhou e pediu que voltasse, dizendo não saber o que fazer e afirmando que precisava do seu ex-ministro de volta ao governo. Bonifácio aceitou o pedido do imperador, mas impôs uma condição: que as coisas fossem feitas do seu jeito, ao que o imperador acedeu.

O Brasil se tornou independente e não tinha uma ordenação jurídica, o que levou o imperador a pretender imediatamente na composição de uma Constituição, que já era prevista antes da Independência. As eleições para a formação de uma Assembleia Constituinte ocorreram depois do 7 de setembro e a reunião para os trabalhos da Constituinte tiveram início em maio de 1823.

Esses foram alguns dos desafios do Primeiro Império. O primeiro era montar o governo. Este foi estabelecido entre 1822 e 1823, com o importante papel exercido por José Bonifácio. Figura central na organização do país, ele seria o redator de mais de duzentos documentos que eram simplesmente assinados por Dom Pedro. Uma coisa era realizar a Independência, outra coisa era organizar o Império.

As demandas foram surgindo e José Bonifácio foi o principal articulador naquele momento. Luiz Philippe de Orleans e Bragança considera que se deve considerar o seguinte:

> Isso aconteceu em 1824. Os Estados Unidos foram formados em 1787. O que aconteceu nesse período é que muito conhecimento político estava fluindo. E José Bonifácio teve o benefício de ter vivido a experiência

> norte-americana, como também a francesa. Então, ele tinha o benefício das duas experiências para poder avaliar qual delas dava certo e qual não dava. Os debates públicos fluíam e como Bonifácio era uma pessoa muito erudita, ele reuniu esse conhecimento para aplicar na sua gestão do governo.

Em dado momento, eles se deparam com a discussão sobre Assembleia Constituinte. Esse tema provocou o mesmo medo a José Bonifácio e a Leopoldina, levando-os a temer que se abrisse a Assembleia Constituinte, por medo de que ela faria ressurgir o fantasma do ímpeto revolucionário, como houve nos países da Europa. Leopoldina considerava Dom Pedro muito estimulado pelas novas ideias, mas imaginava que elas não eram tão boas e que poderiam acabar com o seu governo. Mas o fato é que a Assembleia Nacional Constituinte foi aberta e ela não deu tão errado como se imaginava.

Dom Pedro, no entanto, deu um passo em falso, o que novamente fez José Bonifácio se irritar grandemente. O grupo dos maçons deu para o imperador folhas em branco para que ele assinasse. A ideia era produzir uma redação da Constituição na sociedade secreta, da qual Pedro havia sido iniciado em 1822. Dom Pedro assinou as folhas, o que deixou José Bonifácio revoltado! O ministro disse que era preciso pegar de volta e rasgar aquelas folhas, pois ele deveria se manter responsável pela redação do texto.

A situação pesou para ambos. De um lado, a insatisfação de Dom Pedro desembocou em uma nova discussão com José Bonifácio, por causa do seu excesso de descontentamento com o comportamento do imperador; do outro lado, o excesso de desconfiança que Dom Pedro tinha de Bonifácio, imaginando que esse quisesse usurpar o cargo máximo da nação.

Dom Pedro foi influenciado por pessoas próximas de que os Andradas queriam tomar o poder para eles e tomar o lugar do imperador. Este, por sua vez, percebeu que o projeto de uma

Constituição estava sendo desenhado na sociedade secreta da qual Bonifácio também era membro.

Havia quatro poderes em vigência, com o Império pairando acima de todos. Os três poderes tradicionais eram chamados de Judicial, Executivo e o Legislativo. O Dom Pedro aproximou de si o Exército e fechou a Constituinte assim que pôde. Posteriormente, ele exilou os Andradas.

Quando o imperador recebeu o texto com o projeto de Constituição do Império das mãos do deputado Antônio Carlos de Andrada e Silva, ele notou que, do seu ponto de vista e das necessidades do Brasil, ele não era satisfatório. Além do mais, os constituintes queriam impô-la ao imperador. Foi então que ele montou o Conselho de Estado e este redigiu o texto da Constituição do Império.

A ação do imperador levou a um rompimento total com os Andradas, que se demitiram do governo. Até a camareira de Leopoldina, que era uma Andrada, se demitiu. Mas não se pode dizer que a briga pessoal que se travou fosse suficientemente capaz de levar ao rompimento absoluto entre os envolvidos. Certamente foi um rompimento que se deu por diferença de cosmovisões em relação ao Império. A visão de Dom Pedro I coincidia com a visão de Império de Bonifácio, embora divergissem em tantos outros aspectos.

O grupo do imperador foi procurar inspiração em outra pessoa, em Benjamin Constant (1767-1830), que era um teórico francês que havia criado a figura do Poder Moderador, segundo Rafael Nogueira. Constant defendia a separação entre o Executivo, que ficaria a cargo dos ministros, e o Poder Imperial, que seria o Moderador. O imperador poderia mediar conflitos políticos e administrativos, quando houvesse, exercendo o papel de intérprete dos anseios do povo e dos interesses nacionais.

O Poder Moderador teve influência real nos rumos iniciais do novo Estado, mas muito em função de uma hipertrofia conferida a esse poder pelo imperador. Mas, como destaca Luiz Philippe de

Orleans e Bragança, é preciso se lembrar do contexto que cercou o estabelecimento do Poder Moderador. Quando alguma coisa era para ser nomeada como ditatorial, se dizia: isso é ditatorial. Então, o Poder Moderador não era ditatorial, ele era moderador. No fundo, o que esse Poder fazia era moderar, era negar ações dos demais poderes. Cumprindo o seu papel, ele limitava os demais poderes".

Segundo o escritor Percival Puggina, "nós conseguimos formar em 1824 a primeira Constituição do mundo escrita com quatro poderes. E, durante o século XIX, sob o ponto de vista da organização das instituições, nós tivemos uma Constituição muito superior a essa Constituição que temos hoje".

Dom Pedro entregava os poderes a outros dois poderes: o da democracia e o da aristocracia, mas uma aristocracia diferente da europeia, que é hereditária. Por aqui, criou-se uma aristocracia que não era "de sangue", com títulos de duque, barão, conde, entre outros.

Ainda que tivesse sido outorgada de maneira impositiva, a Constituição de 1824 também trazia preceitos liberais. O espírito que regia a ideia do imperador, era um espírito de liberalidade. Por isso o pesquisador Thomas Giulliano diz que se deve perceber uma progressão, uma jornada intelectual constitucional sobre como organizar a Independência. A primeira marca foi o Dia do Fico, depois a Independência, a Constituição e, por fim, o Poder Moderador.

Não satisfeito em ter vencido a batalha constitucional contra o grupo de Bonifácio, Dom Pedro tomou mais uma atitude nesse sentido: ele desprezou a amizade que nutriu com o patriarca da Independência. Uma vez grandes companheiros, muito estimados mutuamente, passaram a se comportar como inimigos.

Dom Pedro nomeou Domitila como Marquesa de Santos nesse ínterim, o que foi interpretado por José Bonifácio como um gesto de humilhação contra os Andradas.

De tão irado que ficou, Bonifácio questiona qual seria o desenho do brasão que ela usaria? Segundo Rafael Nogueira, havia em Santos uma montanha que era chamada de Pau Grande[24], e Bonifácio sugere, maliciosamente, que se retratasse essa situação no brasão da nova Marquesa. Com isso, José Bonifácio deixa claro que não tem o menor respeito por Domitila e, mesmo assim, ela foi nomeada Marquesa de Santos, talvez como uma provocação feita pelo imperador, já que Bonifácio era natural de Santos, enquanto ela não.

A perda da amizade de Bonifácio não seria a única para Dom Pedro. Forçada a conviver com a amante do esposo na própria casa, Leopoldina sofreu calada em troca da estabilidade do Império. Ela preservou tudo o que aprendeu sobre as estabilidades política e familiar como uma Habsburgo e manteve-se consciente de suas responsabilidades como imperatriz. Leopoldina resolveu se fechar e amargurar em silêncio o desprezo do marido. O resultado foi uma profunda depressão e a debilitação cada vez maior de sua saúde.

Ela começou a passar mal no início de novembro de 1826. Acompanhada por um médico, não lhe faltou suporte. Ainda assim, ela temia por si e pela criança. Escrevia ao pai pedindo para rezar por elas.

Na ocasião estava em andamento uma guerra na Cisplatina, o atual Uruguai. A população queria a independência e Dom Pedro estava com tropas acampadas e com uma esquadra para levar reforços para a Cisplatina. Ele atrasou a sua partida até o dia 23, quando Leopoldina teve uma melhora na saúde. Ao se despedirem, Leopoldina deu uma aliança ao esposo. Eram dois anéis que se juntavam e cujos nomes de ambos estavam escritos.

---

24 Em Santos, próximo ao do Canal 6, há um local chamado de Pau-Grande, herança do tempo em que ali havia o tronco de uma grande figueira, próximo às águas do Estuário. (N. P.)

Poderiam estar desunidos na Terra, mas estariam unidos na eternidade. Parecia haver um presságio por parte dela. A sensação de que quando ele retornasse, Leopoldina não estaria mais viva.

No dia 29 de novembro de 1826, no período da tarde, ela teve uma piora e não saiu mais da cama. Os médicos pensavam que o problema era a gravidez e ela sofreu um aborto no dia 2 de dezembro. Quando se deu o aborto, os médicos ficaram apreensivos, porque a gravidez era de quase quatro meses e o feto estava intacto. O corpo da imperatriz, por causa da doença, expeliu a criança. Já era um processo de morte e ela veio a óbito em 11 de dezembro de 1826, pouco depois das 10 horas da manhã.

Leopoldina perdeu a vida, mas entrou para a história e nos corações dos seus contemporâneos. Era conhecida como alguém extraordinário, uma mulher caridosa e que foi muito importante no seu papel como regente e na independência do Brasil. No período da sua morte, todas as catedrais possuíam um monumento em sua homenagem. O anjo protetor do Brasil, ela ficaria conhecida.

O pesquisador Thomas Giulliano tributa a Leopoldina uma grandeza e virtudes tais por ter conseguido se manter amiga de Dom Pedro I, superado a humilhação de "coisas bem pesadas, bem drásticas, como o próprio convívio forçado com a Marquesa de Santos".

A popularidade de Dom Pedro estava deteriorada. Os conflitos políticos em que ele se envolvia e o seu caso extraconjugal com Domitila fizeram com que o imperador, outrora bem-quisto pela população brasileira, tivesse a sua reputação manchada. "Muito disso se deve à forma como ele conduziu não só o seu casamento, mas a sua vida pública", decreta Thomas Giulliano.

A degradação da imagem de Dom Pedro obedeceu a uma desconstrução que ele mesmo realizou ao se envolver quase que publicamente com a marquesa de Santos, as questões entre ele e a Assembleia de 1823, as brigas políticas com membros importantes do governo, a imagem deteriorada nos jornais, e claro, com a morte de Leopoldina. O defensor perpétuo do Brasil, antes querido do povo, começava a se tornar detestado.

A perda da Província Cisplatina foi um motivo adicional para o crescimento da insatisfação popular em relação a ele. A guerra era detestada pelo povo brasileiro desde o início, em razão do sacrifício de vidas por uma causa antecipadamente considerada perdida.

O menino que cresceu sozinho no palácio de Queluz se encontrava, mais uma vez, na mesma situação. Após a morte da esposa, Pedro I percebeu o quanto a havia tratado de maneira desumana. Leopoldina era querida pelo povo. A sua popularidade se estendia a todas as classes sociais. Ela amava seu marido incondicionalmente, apesar de todas as decepções vividas. A saudade da esposa se tornou motivo de grande aflição para Dom Pedro. Sua amante não conseguiu fazê-lo superar os sentimentos que guardava.

Um dia, Domitila encontrou Pedro abraçado a um retrato da falecida esposa. Chorando, ele dizia que havia visto o espírito infeliz de Leopoldina e esbravejou: “Larga-me! Sei que levo vida indigna de um soberano. O pensamento da imperatriz não me deixa”.

Após muita insistência dele, Domitila deixa o palácio definitivamente. Percebendo todos os seus erros e como havia se tornado um homem que detestava, Pedro I resolveu se tornar independente de suas velhas atitudes, começando por um novo casamento. Seus desvios amorosos repercutiram na Europa. Ao enviar um emissário ao Velho Continente a fim de encontrar uma nova esposa, Pedro I se frustrou ao receber notícias das diversas recusas ao seu pedido, devido à má reputação que gozava na Europa.

No dia 15 de outubro de 1829, chegou ao Rio de Janeiro a fragata na qual a nova imperatriz brasileira estava embarcada. Amélia de Leuchtenberg (1812-1873), nascida em Milão, impressionou o esposo por sua beleza e cuidado com os filhos dele, que agora ela tomava conta. Um homem novo, amadurecido com as decisões que tomara na vida, Dom Pedro havia mudado seu comportamento. Uma vez promíscuo, agora a fidelidade com relação à nova esposa se mostrava resiliente, trazendo a normalidade de volta à vida pessoal do imperador.

O Brasil estava independente e Dom João VI não podia mais contar com seu filho como sucessor no trono português. Dom João faleceu por causas misteriosas, restando a Pedro abdicar do trono em favor de sua filha mais velha, Dona Maria II, que estava a caminho de Portugal. Mas o irmão de Pedro, Miguel, tinha outros planos para o governo português.

Dom Miguel aplicou um golpe de Estado em Portugal. Dona Maria II, que rumava para Portugal, acabou sofrendo um desvio para a Inglaterra e de lá foi direcionada de volta para o Brasil. Ao retornar ao Brasil, muitos portugueses da alta sociedade vieram junto, todos exilados pelo golpe de Estado aplicado por Dom Miguel. Desembarcados no país, a nova situação se configura como duas Cortes no Rio de Janeiro, a Corte brasileira e a Corte da Rainha Maria II, com todos os portugueses reunidos em torno dela. A população do Rio de Janeiro começou a imaginar que o país se tornaria, novamente, uma colônia de Portugal.

Com a Corte portuguesa instalada no Brasil após o golpe de Miguel, a animosidade entre portugueses e brasileiros, mais uma vez, resultou em violentos conflitos. No Rio de Janeiro, enquanto eram feitas festividades para homenagear Dom Pedro, brasileiros atacaram portugueses quebrando vidraças e luminárias. Os portugueses reagiram jogando pedras e garrafas. O conflito durou três dias e ficou conhecido como "A Noite das Garrafadas". A Assembleia decidiu agir para conter o caos e exigiu que Dom Pedro tomasse providências em relação aos ataques feitos aos brasileiros. Dom Pedro ignorou o pedido e a Revolução se armou.

Em abril de 1831, Pedro I foi obrigado a renunciar, porque a essa altura ele não contava mais com o apoio do Exército, e era acusado de ter contribuído para a formação da revolta no Rio de

Janeiro, ao ignorar os avisos e porque achavam que ele acabaria com a Constituição, o que não correspondia aos fatos. A ideia foi fomentada pela imprensa, que levou a população à rua para pressioná-lo a renunciar.

Segundo Rafael Nogueira, "o Primeiro Reinado se encerra porque Dom Pedro se vê esgotado. Ele já não tinha nenhuma liderança ao seu lado, mas tinha contra ele todos os grupos possíveis, mesmo o dos fazendeiros, porque ele 'quebrou' a economia e, então ele resolve abdicar".

Em 7 de abril de 1831, durante a madrugada, vestindo com roupas civis e acompanhado da esposa, Pedro parte rumo à Europa. Ele havia entregado a carta de abdicação ao trono para que fosse lida aos brasileiros. Era última vez que pisava na terra que havia se tornado independente por suas mãos poucos anos antes. Quando saiu do palácio, seus filhos estavam dormindo. Ele foi ao quarto de cada um deles e os beijou silenciosamente, mal contendo as lágrimas.

Para o pesquisador Thomas Giulliano, Dom Pedro percebeu que não tinha condições de desenvolver um legado nessas terras, enquanto em Portugal era possível manter um legado já existente.

Para tanto, Dom Pedro foi para Inglaterra, França e Açores. Recrutou um exército de 7.500 mercenários, além de centenas de voluntários portugueses que eram contra o absolutismo miguelista.

Mas em comparação ao Exército, o seu contingente era bem reduzido, na proporção era de um para mil em relação ao Exército de Dom Miguel. E eles acabam sendo encurralados na cidade do Porto, tendo que enfrentar o cerco durante meses. O conflito foi motivado pela disputa de poder entre diferentes grupos, como os liberais, aqueles que defendiam a monarquia constitucional e os absolutistas, que lutavam pela monarquia absolutista. Dom Pedro tomou o lado dos liberais e pretendia o trono para a sua filha.

O exército de Dom Miguel não tinha militares de boa estirpe, nem diplomatas, pois estavam todos do lado do Dom Pedro. Dom

Pedro, então, com certo jogo de cintura e uma certa estratégia, conseguiu diversas pequenas vitórias e acabou tomando Lisboa. A Guerra Civil Portuguesa durou dois anos e teve como resultado a vitória de Dom Pedro. Ao final, ainda que contra alguns radicais, preferiu exilar o irmão a matá-lo.

Mas no mesmo ano de 1834, ano em que assinou a rendição do irmão, a guerra e a sua vida desregrada cobraram o seu preço. Os anos de batalhas incansáveis, o pouco repouso que dedicou, a alimentação escassa, combinados com a tuberculose maltratada que infestava o seu corpo, marcariam o fim da trajetória do homem que tornou o Brasil independente.

Pedro voltou para o mesmo lugar que havia nascido, o Palácio de Queluz, no município de Sintra. Mas a alegria da infância não compunha o novo cenário. As brincadeiras com o irmão e os gritos da avó agora davam vez ao agonizante leito de morte.

No palácio ele ainda realizou pequenos encontros, quando tomou as últimas decisões de sua vida: deu conselhos e prestou homenagens a todos que julgava merecedores; depois, decretou com os deputados a maioridade de sua filha, Dona Maria II, tornando-a Rainha de Portugal. Por fim, pediu a ela que fosse enterrado sem requintes, em um caixão de madeira, como um simples soldado.

"Dom Pedro I é uma figura ímpar. Não só para a história do Brasil, mas também para a história do mundo, já que em nossa peculiaridade, ou em nossas peculiaridades históricas, quem proclamou a nossa Independência é o mesmo herdeiro da Colônia", analisa Thomas Giulliano.

Dom Pedro I amadureceu de seu primeiro para o segundo casamento. Em sua vida, muitos eventos foram precoces, como a sua morte. Ele teve uma infância precoce, uma adolescência e uma fase adulta absolutamente precoces; em um curto espaço de tempo ele passou pela viuvez, encarou o segundo casamento, proclamou a Independência de um país, foi um homem que perambulou por terras e enfrentou diferentes conflitos. Enfim, é uma figura que viveu uma vida turbulenta, a começar pelo fato de ter saído ainda criança de um país e ido para outro.

Antes de sua morte, realizou mais um ato importante que completaria a sua redenção.

José Bonifácio, exilado, vivia isolado na França em companhia de sua querida esposa Narcisa Emília (1770-1829), que acompanhava o marido há quase 40 anos em sua conturbada e memorável vida política. Ambos viviam em condições muito precárias, pois o pequeno auxílio que o governo havia prometido nem sempre era honrado.

Em 1829, o casal havia recebido permissão para deixar o exílio e retornar ao Brasil. Era a esperança de uma nova fase na vida de ambos. De maneira inesperada, restando apenas dois dias para chegarem ao Rio de Janeiro, Narcisa faleceu subitamente no navio que os trazia de volta.

Os tempos eram difíceis para Bonifácio. A solidão e a tristeza assolavam o final de sua vida. Para quem teve uma vida intensa como a dele, marcada por grandes sacrifícios e vitórias memoráveis, esse não seria o final esperado.

Pedro conhecia as dificuldades enfrentadas por um imperador e acreditava que seu filho precisaria estar imbuído de valores que dariam a ele os alicerces para se governar: honra, patriotismo e conhecimento. Era preciso que a antiga máxima de que o filho transcende o pai fosse concretizada em sua vida, e só havia um homem em quem Dom Pedro poderia confiar o seu filho. Esse homem era o mesmo que havia sido o seu mentor, o seu antagonista e o seu grande amigo. O único capaz de assumir tamanha responsabilidade.

> "Dom Pedro, então, escreveu uma carta um tanto quanto comovente, de restabelecimento de amizade, na qual ele diz não conhecer nenhum cidadão mais honrado e nenhum mais patriota e mais sábio do que José Bonifácio, e que

ele nunca encontraria paz e tranquilidade de alma se José Bonifácio não atendesse o último pedido que ele tinha para um velho amigo, que era ele ser o tutor do Pedro, do 'Pedrinho', do Pedro II", diz Rafael Nogueira.

A resposta veio da seguinte maneira:

> Senhor, a carta de vossa majestade veio servir como um pequeno lenitivo ao meu aflito coração, pois vejo que apesar de tudo, vossa majestade ainda confia na minha honra e pequenos talentos para cuidar da tutoria e educação do seu augusto filho, o senhor, Dom Pedro II. Confie em mim, que nunca enganei a ninguém e nunca soube desamar a quem uma vez amei. Iguais votos de felicidade encaminha aos seus o meu sincero coração pelo soberano que foi da minha escolha e pelo meu amigo. Beijos as mãos de Vossa Majestade.
>
> – José Bonifácio de Andrada e Silva.

Em setembro de 1834, a situação de saúde de Dom Pedro I teve uma piora. No dia 24 do mesmo mês, faleceu o libertador do Brasil. Posteriormente, José Bonifácio diria: "Dom Pedro não morreu. Apenas homens ordinários morrem, heróis não." – *José Bonifácio.*

5.
O Último Reinado

*"Deus que me conceda esses últimos desejos:
paz e prosperidade para o Brasil".*

– Dom Pedro II.

A história monárquica do Brasil é uma história rica. Essa afirmação não é uma espécie de ufanismo, porque temos que admitir que não foi, com de fato a história de nenhum povo é, a história perfeita. Ela é rica, porque nós conseguimos produzir e dar ao país e ao mundo uma profusão de grandes homens.

O Brasil deu ao mundo um menino que nasceu pobre, órfão de mãe, mas tornou o Brasil do seu tempo participante ativo da grande cultura do Ocidente. Carlos Gomes (1836-1896), com a sua arte de vanguarda, deixou o Brasil no alto legado da cultura, avalia o pesquisador em História, Thomas Giulliano.

Havia também outro menino, este nascido no final da década de 1830, e com um agravante num país marcado pela escravidão: era mulato. Assim como Carlos Gomes, ficou órfão de mãe cedo e não teve uma instrução formal, mas isso não o impediu de se tornar Machado de Assis (1839-1908). Do contrário, trouxe mais potência à história do maior escritor brasileiro.

O professor e pesquisador Thomas Giulliano nos traz à memória Joaquim Nabuco (1849-1910), que quando criança, sentado na varanda de uma sangana[25], se deparou com um escravo clamando acolhimento e viu, no clamor daquele escravo, o clamor de um país.

Essas três personalidades são figuras importantíssimas para a História do Brasil e são pouquíssimo exploradas, e precisamos mudar isso para as próximas gerações.

Como uma nação independente e soberana, o Brasil teria um longo futuro pela frente. Dom Pedro I havia deixado o país para cumprir a missão de vencer seu irmão na maior Guerra Civil da história de Portugal. Quando abdicou do trono, por força da lei brasileira, constituiu-se um governo temporário, até que seu filho, Pedro II, atingisse a maioridade. O período foi denominado como Regencial.

Vimos como Pedro I, em seu último ato de amor pelo Brasil, deixou José Bonifácio como tutor de seu filho. Antes de sua morte, Pedro I trocou cartas com o futuro sucessor de seu trono, falou do amor à pátria e disse para seguir os conselhos daqueles que o educariam.

Por dois anos, o tutor ensinou Pedro II à sua maneira. Segundo Rafael Nogueira, o método pedagógico de Bonifácio, por assim dizer, o levava a educar o futuro imperador estando este "correndo para lá e para cá e ele não ensinava etiqueta, bons

---

25 O Massangana era um conjunto arquitetônico rural do século XIX no Cabo de Santo Agostinho, Pernambuco. Era formado pela Casa-Grande, a capela de São Mateus e o engenho. Massangana é nome de origem africana e deriva do rio Massangana que era usado para escoamento do açúcar produzido no engenho. O engenho está tombado como patrimônio estadual como Parque Nacional da Abolição. Em Massangana, o ilustre Joaquim Nabuco viveu a infância e o local é apontado por ele como o local onde construiu a base de seus ideais abolicionistas, como consta em sua obra *Minha Formação* (1910). Disponível em <http://www.ipatrimonio.org/cabo-de-santo-agostinho-engenho-massangana/#!/map=38329&loc=-8.356098999999997,-35> e acessado em 29/jul/2022.

modos; ele queria ensinar botânica no meio das plantas, queria ensinar zoologia com os animais, astronomia com observatórios, ensinar as coisas apontando para elas"[26].

Bonifácio era muito bem preparado, não resta dúvida. Nos dois anos que passou como tutor ele deve ter transmitido a Pedro II as bases do aprendizado de muitos idiomas. Alguns historiadores informam que José Bonifácio falava onze idiomas, enquanto Dom Pedro II chegou ao conhecimento de dezesseis deles[27]. "Bonifácio também deixou no coração do Pedro II um amor profundo pelo conhecimento geral, pelo saber em si, como também um amor profundo pelo Brasil. Isso era exatamente o que Dom Pedro I queria: honra, patriotismo e saber", conclui Nogueira.

Mas a condução desse processo não foi tão tranquila. A aprovação do nome de Bonifácio para a tutoria do menino de 5 anos de idade precisava passar pelo Senado e pela Câmara. Lá estavam alguns dos antigos adversários políticos de Bonifácio, que certamente resistiram

---

26 "José Bonifácio mantém os professores que já lecionavam para as crianças imperiais: Simplício Rodrigues de Sá (desenho e pintura); Fortunato Mazziotti (música e composição); Luís Lacombe (dança); Guilherme Tilbury (inglês); frei Severino de Santo Antônio (português); e o padre Boiret (francês), depois substituído por Félix Antônio Taunay. Escolhe para dirigir a educação de Dom Pedro II o padre carmelita Pedro de Santa Mariana, que elabora um programa de estudos enfatizando a formação básica e literária, em detrimento da formação para os negócios de Estado e as atividades militares". José Bonifácio, obra completa. Disponível em <https://www.obrabonifacio.com.br/az/verbete/79/> e acessado em 1/jul/2022.

27 É difícil encontrar um consenso acerca de quantas línguas Dom Pedro II falava. Agregando algumas fontes, a princípio, o Imperador falava português, alemão, italiano, inglês, espanhol, francês e tupi-guarani (7 idiomas). Algumas fontes apontam que ele também era fluente em latim e hebraico. Lia grego, árabe, russo, sânscrito e provençal. Totalizando, haja vista as limitações das fontes, provavelmente Dom Pedro II dominava por volta de 14 idiomas. Romanelli, Sergio; Mafra, Adriano; Souza, Rosane de. "Dom Pedro II tradutor: análise do processo criativo", *in: Cadernos de Tradução*, v. 2 nº 30 (2012), p. 1. Soares. Noêmia Guimarães; Souza, Rosane de; Romanelli, Sergio (Org.). *Dom Pedro II: um Tradutor Imperial.* Tubarão: Ed. Copiart; Florianópolis: PGET/UFSC, 2013, p. 9. (N. E.)

à sua nomeação. Mas Bonifácio superou a oposição à sua escolha e, em agosto de 1831, prestou juramento prometendo dedicar-se de corpo e alma à formação intelectual do futuro monarca.

Logo os inimigos de Bonifácio começaram a conspirar para retirá-lo do cargo. No primeiro momento, alegaram que o menino estava se tornando um selvagem e que Bonifácio não era apto para tutorear o futuro imperador. A oposição de Bonifácio não dava trégua. Para tentar retirá-lo do cargo, acusaram-no de cometer atos inconstitucionais quando era ministro.

Mas José Bonifácio sempre foi um político. Assim, ele usou o poder do cargo de tutor para fazer política no Rio de Janeiro e na Corte, afirma. E uma coisa é fazer oposição, outra é transformar uma pessoa daquela estatura em criminoso. "Ele foi acusado, mas não mais do que isso", diz Rafael Nogueira, "e um acusado, mesmo que as acusações não tivessem sido provadas, teria que se retirar do cargo. Então, enviaram um oficial de justiça para retirá-lo do cargo".

Nem o primeiro nem o segundo oficiais de justiça conseguiram demovê-lo do cargo, sendo preciso enviar um batalhão do Exército para cumprir a missão. Nessa situação, ele concordou em sair, mas alertou que só o faria porque os soldados estavam assustando as crianças, informa Nogueira. E mais, disse que os militares estavam errados e iriam se arrepender.

Naquele momento, Bonifácio perdeu a sua atuação pública e se isolou em uma casa em Paquetá. O homem que se habituou a estar em pé de guerra no campo político, uma figura pública das mais significativas da História brasileira, tendo deixado as suas atividades de longa data, sofreu um problema grave no estômago e começou a sofrer intensas dores. A esse problema, se sucedeu o que se chamava à época de convulsão cerebral, que devia ser um AVC, e caiu de cama.

José Bonifácio foi um patriarca para o Brasil. Sobre ele pesou a responsabilidade do homem sábio, da pessoa madura, experiente e vivida. Infelizmente, no Brasil, foram poucos os homens de genuíno saber, e José Bonifácio de Andrada e Silva foi um dos poucos e maiores. E ele via no brasileiro uma característica muito pitoresca. José Bonifácio certa vez disse que o brasileiro seria o novo ateniense, se não caísse na tirania de Estado, segundo informa Luiz Philippe de Orleans e Bragança.

Segundo Rafael Nogueira, ele dizia que "a liga de todas as raças no Brasil, sobretudo as principais formadoras, a nativa, a africana e a luso-europeia, geraria uma nova raça que caracterizaria a brasileira. O brasileiro surgirá desses casamentos [interraciais]", pelo que se pode dizer que ele criou ou chamou a atenção para a ideia de mestiçagem típica do país. Enfim, ele via a grande possibilidade e o potencial do Brasil para ser uma grande e influente potência. E foi um dos poucos homens que amaram o Brasil, e renunciou ao conforto que poderia ter gozado para ser regente, mesmo passando por todos os problemas que passou em matéria de convívio político e pessoal.

Sobre ele, Machado de Assis escreveu o seguinte verso:

> Pode o tempo varrer, um dia, ao longe,
> A fábrica robusta; mas os nomes
> Dos que o fundaram viverão eternos,
> E viverás, Andrada!

Com Bonifácio destituído do cargo, outros tutores assumiram o seu lugar. Pedro ainda muito jovem, não poderia assumir o trono. Por votação, assume a regência um dos inimigos de Bonifácio, que o acusara de crimes, Diogo Feijó.

Durante o período regencial consolidaram-se as divisões políticas entre os dois partidos que protagonizaram as disputas ideológicas naquele período, o Partido Conservador e o Partido Liberal.

Segundo Bruno Garschagen, o objeto de divergência entre conservadores e liberais era pequeno. "Os liberais acreditavam que, para garantir a liberdade, o poder não poderia estar concentrado na figura do imperador, e sim nos Estados. Já os conservadores entendiam que naquele momento, para garantir a liberdade dos Estados, o poder deveria estar na figura do imperador". No fundo, os conservadores defendiam a centralização do poder, que era visto pelos liberais como um ataque às liberdades, uma defesa das liberdades locais que eram colocadas em causa pelas oligarquias locais.

O período em que os liberais estiveram no poder regencial ficou marcado como o "Avanço Liberal" (1831 a 1834). Durante esse governo, suas políticas descentralizadoras aumentaram o poder das Assembleias Provinciais. Algumas dessas províncias, agora mais poderosas, resolveram, então, romper com o Império. Foi nesse cenário que o Rio Grande do Sul se insurgiu contra o poder imperial, alegando uma falta de representação política dos rio-grandenses junto ao poder central.

Então, no dia 18 de setembro de 1835, alguns líderes militares e civis decidiram que era a hora de atacar Porto Alegre e depor o presidente da província, para dar posse a outro que não se submetesse aos interesses da regência, mas que servisse aos interesses locais do estado.

Na Bahia houve algo parecido, a chamada Sabinada, porque liderada pelo médico Francisco Sabino Álvares da Rocha Vieira (1796-1846). O que se queria na Bahia com a República Bahiense, com a insatisfação com a regência era, ao menos, uma presidência local até que o monarca atingisse a maioridade. No sul, foi criada a República Juliana em 24 de julho de 1839 – daí o nome "Juliana", durando até 15 de novembro de 1839. A República Juliana, anexada a Santa Catarina, foi considerada uma ala da Revolução Farroupilha ou Guerra dos Farrapos.

A ideia por trás dessas revoluções que surgiram durante a regência era, aos poucos, proclamarem repúblicas até se fortalecerem e se unirem contra o Rio de Janeiro. Mas essa estratégia não funcionou. A Sabinada começou em 1837 e terminou no ano seguinte e a Juliana durou quatro meses. Somente a Revolução Farroupilha durou dez anos, de 1835 a 1845.

Embora o Rio Grande seja o berço de movimentos separatistas ainda hoje, no caso da Revolução Farroupilha "não se tratava de entendê-los como separatistas, em absoluto", adverte o pesquisador Rafael Vitola Brodbeck. "A maioria [da população] não quis a separação, por entender que o Rio Grande tem que crescer sem o Brasil. A separação foi uma forma extrema que alguns farroupilhas entenderam para se fazerem ouvir e de tentarem se eximir da taxação, uma vez que não havia representação à altura da expectativa. Mas as suas demandas não foram ouvidas, de modo que restou a secessão como alternativa.

Mas houve muitas outras revoltas no período regencial, como a Cabanagem, na Província do Grão-Pará (1835-1840), a Revolta dos Malês, na Província da Bahia (1835) e a Balaiada, na Província do Maranhão (1838-1841).

O cientista político Bolívar Lamounier informa que em nove anos houve dez pequenas guerras civis simultâneas em diferentes regiões do Brasil. A razão para o eclodimento desse período conturbado, segundo os analistas, foi a descentralização prematura e o desejo de desagregação em torno do centro. Para Rafael Nogueira, "aumentou-se e muito irresponsavelmente o poder das províncias e o que José Bonifácio avisou, aconteceu".

Diogo Antônio Feijó (1784-1843), o Regente Feijó (ou Padre Feijó), que foi quem deu autonomia às províncias, renunciou em 1837, dois anos antes do previsto e, ao renunciar, um conservador, Araújo Lima (1793-1870), foi eleito para assumir a Segunda Regência, em 1838, colocando fim às políticas que geraram as revoltas no Período Regencial.

Então os liberais, tendo perdido o governo para os conservadores, que logo restauraram a centralização do poder pré-Avanço Liberal, resolveram promover o chamado "Golpe da Maioridade".

A ideia de emancipar Pedro era bem-vista pelos dois partidos, conservador e liberal. A presença da figura do imperador era indispensável para a soberania do país, pois nele se consolidava a imagem e símbolo da união nacional. Reuniram-se, então, políticos de ambos os partidos, formando uma delegação, a qual foi enviada ao palácio de São Cristóvão para perguntar a Dom Pedro se ele aceitaria antecipar a sua maioridade. Tendo dado um tímido "sim", o jovem monarca assumiu com os poderes plenos a liderança da jovem nação brasileira.

No dia seguinte, a Assembleia Geral declarou Pedro II formalmente emancipado. Em 18 de julho de 1841, ocorreu a cerimônia de coroação do novo imperador. "Sua Majestade Imperial, Dom Pedro II, pela graça de Deus e unânime aclamação dos povos, Imperador Constitucional e Defensor Perpétuo do Brasil". Ele queria, o Congresso brasileiro foi consultado e era a vontade da população.

Para o cientista político Bolívar Lamounier, "o que nós fizemos foi de uma genialidade absoluta. Emancipamos Dom Pedro II, que tinha 15 anos de idade e votamos para o efeito de ele assumir o trono, ele já era maior de idade". Então, em 1840 ele assumiu, mostrando grande desenvoltura à frente do país. Dom Pedro levou as instituições a funcionarem, tendo compreendido muito bem os gargalos que elas apresentavam para o seu pleno funcionamento. Ele também notou ser difícil ter partidos bem organizados e modernos naquela época.

Embora emancipado e tendo sido tutoreado por um homem culto, havia a necessidade de amadurecimento de Dom Pedro II, o que levou ao arranjo de um casamento dinástico com um membro de uma família real europeia. O Reino das Duas Sicílias ofereceu a mão da princesa Teresa Cristina (1822-1889). Encantado com o retrato que lhe foi enviado – o imperador aceitou o matrimônio.

Uma vez casados, Pedro II e Teresa Cristina viriam seu primeiro filho morrer de forma prematura. Não demoraria muito até nascer uma nova herdeira ao trono brasileiro, a princesa Isabel.

As revoltas independentistas estavam praticamente pacificadas por todo o país, porém a Revolução Farroupilha ainda apresentava armas contra os desmandos do governo central. Em um de seus primeiros atos como imperador do Brasil, Pedro II e seus ministros decidiram enviar Luís Alves de Lima e Silva (1803-1880), o futuro Duque de Caxias.

Luís Alves havia sido promovido a coronel em 2 de dezembro de 1839 e foi nomeado para as posições civil e militar mais altas da província. Ele foi presidente e comandante das armas, reunindo, assim, autoridade sobre as unidades provinciais da Guarda Nacional e do Exército. O objetivo ao enviá-lo era que ele e seus soldados acabassem com a Revolução, assim como havia sido feito com a Balaiada no Maranhão e outras revoltas em anos anteriores, ganhando assim extrema confiança do imperador e dos ministros.

Demonstrando talentos militares e políticos, o Duque de Caxias atuou diplomaticamente, conduzindo as negociações até a assinatura do Tratado de Paz do Poncho Verde. Foi o fim de um conflito que durou dez anos. A atuação do Duque de Caxias foi tão nobre e correta para com os oponentes que a província, novamente unificada ao Brasil, o indicou para o cargo de senador. Mas essa não seria a última vez que o Duque de Caxias precisaria intervir na região do Prata.

"Em 1847, nós criamos um cargo de Presidente do Conselho de Ministros, ou seja, o Primeiro-Ministro. Com isso, nos tornamos um regime parlamentar. O cargo de Presidente do Conselho de Ministros representava a diminuição do desgaste à figura do imperador. Em vez de nomear todos os ministros pertencentes ao gabinete do governo, nomeava apenas o presidente do Conselho. Este, por sua vez, era quem deveria escolher os demais membros do ministério. Desta maneira, liberais e conservadores tinham mais poder de ação, podendo debater suas visões de governo", analisa Bolívar Lamounier.

Posteriormente, conforme o Dom Pedro foi amadurecendo, ele variava entre conservadores e liberais. Para formar um gabinete, ele nomeava o Presidente do Conselho de Ministros, que por sua vez nomeava os ministros. Quando percebia que determinada política adotada não era bem encaminhada, ele os retirava do poder e dava lugar ao outro grupo", diz Rafael Nogueira.

Essa foi uma das razões pelas quais o imperador conduziu o país a um período de desenvolvimento sem precedentes. "Porque tinha um poder político permanente, o imperador não precisava se preocupar com questões como uma eleição. Ele podia ver a política de uma maneira muito mais profunda, não precisava se envolver com as filigranas da política, não precisava entrar nas mesquinharias desse campo, tendo condições e força para defender questões como as liberdades, por exemplo", analisa o cientista político Bruno Garschagen.

E o foi sob o regime parlamentar, muito mais civilizado e flexível do que o presidencialismo adotado em todas as repúblicas hispânicas, que nós nos desenvolvemos durante o século XIX. Isso nos poupou de grandes dissabores, nos poupou dos caudilhos todos, das lutas internas que quase todos esses países enfrentaram", diz o cientista político Bolívar Lamounier.

Quando se compara o Brasil com outros países no bloco, nós vemos como tínhamos um modelo de país mais justo. Havia tirania republicana no México, na Argentina, no Peru, com grandes massacres, o que não houve aqui, conclui Luiz Philippe de Orleans e Bragança.

É possível atribuir boa parte desse mérito e das características importantes ocorridas no Segundo Reinado à figura do imperador.

Considerado uma pessoa sensível, dado seu interesse pelas artes, e inteligente, dado seu cuidado intelectual, com bastante estudo e erudição, Dom Pedro II era um homem que acreditava na liberdade de expressão, promovendo-a. E se houvesse injustiças nos jornais, que a imprensa fosse combatida com a própria imprensa. Nada mais democrático.

Segundo Rafael Nogueira, professor de História e pesquisador, "embora sua vida familiar decerto trouxe questões pessoais pouco exploradas, ainda assim é possível observar diversos e diferentes valores em Dom Pedro II, como o valor do estudo, o valor dado à liberdade de expressão, o apreço pelas novas tecnologias, pela ciência e pelo desenvolvimento". Era um intelectual que queria ver o Brasil a frente no progresso científico e no campo da tecnologia.

Pedro II empenhou-se pessoalmente no desenvolvimento cultural e educacional do país, tendo como influência modelos europeus, como o da Academia Real de Ciências de Lisboa, fundada em 1779. O país já tinha duas faculdades de Direito, fundadas em 1827 por seu pai, uma em Olinda e outra em São Paulo. Em 1838, formou-se o Instituto Histórico e Geográfico Brasileiro (o IHGB), que reuniu a elite econômica e literária carioca. Das sessões do IHGB, Pedro II presidiu 506 entre dezembro de 1849 e 7 de novembro de 1889.

Segundo o pesquisador Thomas Giulliano, "dizem que se tivessem congregado no mesmo homem Dom Pedro I e Dom Pedro II, nós teríamos tido o grande monarca da história da humanidade".

É do período a projeção de Carlos Gomes. Thomas Giulliano indica que Carlos Gomes foi um menino de nascimento pobre, além de ser órfão de mãe. Ele foi acolhido pedagogicamente por Dom Pedro II quando este descobriu o seu talento musical. "Dom Pedro II entendeu que havia ali um valor humano, e esse valor humano com potência de valor artístico e Carlos Gomes teve os seus estudos financiados de modo até engraçado", afirma.

Ele se refere ao fato de a imperatriz Teresa, que defendia Carlos Gomes, querer que ele fosse estudar na Itália, enquanto Dom Pedro II queria que Carlos Gomes fosse estudar na Alemanha. Ambas eram as duas grandes potências da história da música. Carlos Gomes optou por ir para a Itália. Lá ele desenvolveu toda a sua técnica e na primeira apresentação de sua ópera *O Guarani*, no teatro *Scala* de Milão, ele tornou o Brasil participante ativo da grande cultura do Ocidente.

Com a apresentação de *O Guarani*, o europeu, que desconhecia a realidade brasileira poderia entender melhor o nosso país, o noviço na história do mundo, e Carlos Gomes, com sua arte de vanguarda, com a alta cultura que apresentou, demonstrou que o Brasil era protagonista na produção contemporânea das artes. *O Guarani*, que realça o valor do índio brasileiro, foi uma de nossas marcas.

Ao ser apresentado o índio brasileiro no teatro *Scala*, ele emocionou. Mais do que isso, ele deixou o Brasil presente na memória daquele povo, no alto legado da cultura. O mesmo Carlos Gomes voltou ao Brasil e apresentou *O Guarani* no Rio de Janeiro, pela primeira vez, para o público brasileiro. Ele contou com a presença de Dom Pedro II e a família real na plateia.

Nesse momento se dá o encontro do autor de *O Guarani* com Dom Pedro, que viu em Carlos Gomes a sua criatura. O pai de Carlos Gomes, o maestro Manuel José Gomes (1792-1868), não conseguiu, pela própria quantidade de filhos, dar o carinho e a atenção devida ao próprio filho, visto que teve que se defrontar com uma viuvez e com todos os problemas que ela acarreta. No entanto, "naquele momento de sua vida, na primeira apresentação de *O Guarani* no Brasil, ele se deparou com a expressão clara e objetiva da força que tem uma personalidade. E Carlos Gomes reuniu em sua vida a força arrebatadora de um homem ímpar, que amou o Brasil até o fim. Amou o Brasil até em seu testamento", conclui Thomas Giulliano.

5.1. UMA IDENTIDADE NACIONAL

"A formação da identidade nacional teve dois grandes momentos, a Batalha de Guararapes e a Guerra do Paraguai, que foi uma onda de entusiasmo bélico como nunca se viu", diz o filósofo Olavo de Carvalho. "A cultura brasileira, como bem assinalou Machado de Assis, era voltada para a busca de uma identidade nacional. E naquele momento, a guerra apareceu como a solução mágica da formação da identidade nacional"[28].

A região do Prata sempre foi um problema para o Brasil. Nós perdemos a Guerra da Cisplatina e o controle da região. Posteriormente, houve uma guerra interna no Uruguai. "A crise ocorreu por uma disputa de poderes entre os dois partidos uruguaios. A liberdade de navegação nos rios platinos era motivo de divergência entre colorados e *blancos*, o que atraiu os países vizinhos para o conflito", diz o historiador Rafael Nogueira.

O Paraguai, vislumbrando maior protagonismo na região, resolveu intervir e apoiar o Partido Blanco. Percebendo a ameaça, Dom Pedro II agiu e fez um acordo com a Argentina para apoiar o Partido Colorado, enviando tropas para o Uruguai e derrubando do poder o governo do Partido Blanco.

O Paraguai era governado por Solano López (1827-1870), que tinha um ideário expansionista. O seu pai disse para ele no leito de morte que jamais entrasse em guerra contra o Brasil. Ele não só fez a guerra contra o Brasil, como juntou o Uruguai e a Argentina a essa guerra.

Solano López percebeu uma oportunidade. "O Paraguai resolveu unir-se aos grupos argentinos, avessos ao grupo uruguaio que saiu vencedor, com os grupos uruguaios avessos a esse grupo

---

28 Há limites para esse "entusiasmo bélico". De 1864 a 1866, de fato, a população brasileira se empolgou com o conflito, esperando uma resposta rápida e efetiva contra a invasão paraguaia. Porém, essa ebulição foi revertida com o prolongamento da guerra, de 1867 a 1870. Então, o que se viu foi uma crescente insatisfação popular com o conflito, que consumia vidas e recursos, obrigava famílias a entregar homens para os fronts de batalha, senhores a libertarem escravos. Populações inteiras de pequenas cidades fugiam para a mata a fim de evitar o alistamento e até mesmo princípios de revoltas dentro da Guarda Nacional foram fomentados, já que soldados tiveram que ser cedidos para a guerra. Ao final, a opinião pública se posicionou favoravelmente aos combatentes, entendidos como grandes heróis, mas criticamente às proporções, condução, e duração do conflito. DORATIOTO, Francisco. *Maldita Guerra – nova história da Guerra do Paraguai*. São Paulo: Companhia das Letras, 2002, p. 280-89.

vencedor e retomar o poder no local, criando, digamos assim, uma tríplice aliança contra o Brasil", diz Rafael Nogueira. Então, Solano López declarou guerra ao Brasil em 13 de dezembro de 1864, e no mesmo ano ele invadiu o Brasil e sequestrou o presidente da província do Mato Grosso e o seu secretário, mantendo-os presos. Não muito tempo depois, todos morreram de fome na prisão.

Portanto, não faz qualquer sentido quando dizem que o Brasil propositadamente tentou destruir o Paraguai, de quem supostamente tinha inveja. Foi uma guerra intensa, devastadora e complexa, mas cuja origem não se deu no Brasil e sim na vontade expansionista do Paraguai.

O desenrolar da guerra, tendo Solano López invadido o país, "não sem antes passar pela Argentina e tentar ir ao Uruguai virar o jogo", diz Nogueira, que continua: "O problema é que ninguém se uniu a ele nesse processo. O Brasil conseguiu estabelecer aí acordos diplomáticos, e foi formada a tríplice aliança, mas junto com o Brasil. Brasil, Argentina, Uruguai assinaram um acordo para entrar em guerra contra o Paraguai".

No início da guerra, o Paraguai tinha em torno de 85 mil homens, além de forte equipamento moderno, enquanto o Brasil tinha menos da metade, em média 20 mil homens com equipamentos defasados. Apelando para o sentimento do povo brasileiro, Dom Pedro criou a unidade militar dos Voluntários da Pátria, mas o imperador foi impedido pelo Conselho de Estado de ir pessoalmente ao *front* de batalha. Contrariando a decisão do Conselho, Dom Pedro fez um memorável pronunciamento, dizendo que se o impedissem de ir como imperador, nada o impediria de ir como voluntário da pátria. Ao fazer tal declaração, o monarca ficou popularmente conhecido como "voluntário número um".

No comando de uma tropa de voluntários estava o então Major Deodoro da Fonseca (1827-1892). O militar se destacou na guerra por seus atos de bravura, recebendo a Imperial Ordem do Cruzeiro. Posteriormente, Deodoro da Fonseca seria promovido de cargo, até chegar a Marechal e presidente da Província do Rio Grande do Sul.

Não resistindo ao ímpeto das potências aliadas, as forças paraguaias foram dizimadas. Mais da metade da população paraguaia pereceu na guerra. O sangrento conflito deixaria numerosas baixas de todos os lados, vindo o Brasil a perder mais de 50 mil combatentes. Com a vitória próxima, o Duque de Caxias enviou uma mensagem a Dom Pedro II, comunicando que a guerra estava quase ganha.

"Dom Pedro II já estava num momento de fragilização pessoal e de sua imagem. Ele vinha realizando viagens pelo mundo e quem ficava em seu lugar era a princesa Isabel, assumindo como regente", segundo Rafael Nogueira. Nessa situação, o seu marido, Gastão de Orleans (1842-1922), o Conde d'Eu, influenciava as decisões que a princesa tomava. O Conde d'Eu foi pessoalmente aos locais de combates conduzir as manobras das tropas a fim de não cessar a guerra. Alguns analistas o consideram um dos nossos melhores soldados.

Mas a guerra teve fim quando, "em março de 1870, José Francisco Lacerda (1848-1893), um dos Voluntários da Pátria, conhecido como 'Chico Diabo', desferiu um golpe de lança no ditador paraguaio Solano López. Após seis anos de batalhas e muito sangue derramado, terminava assim o maior conflito da América do Sul", segundo Nogueira.

Assim, é correto dizer que "devemos aos militares a unidade nacional, que sob o comando do Duque de Caxias, deteve a invasão e a afronta de Solano López do Paraguai", segundo o jornalista Aristóteles Drummond.

À vitória sobre Solano López na Guerra do Paraguai seguiu-se o ápice do progresso no período do Império. Pouco a pouco, percebia-se o avanço de obras de infraestrutura e das reformas legislativas. Surgiram indústrias, serviços variados, bancos e usinas, que eram financiados e mantidos por empreendedores locais juntamente com a entrada de capitais estrangeiros.

"No início do Brasil Império, a Família Imperial chegou aqui, provavelmente, como a família mais rica. Mas, no final do século XIX, ela já não era isso. Havia brasileiros mais ricos do que a Família Imperial. Então, houve um grande progresso econômico, porque houve a transferência não apenas de poder político, mas de poder econômico", analisa Luiz Philippe de Orleans e Bragança, cientista político.

O declínio da cultura açucareira tradicional, no norte do país, coincidiu com o apogeu do café, cultura desenvolvida no centro-sul. Isso revelou a hegemonia paulista como a nova força na balança do poder econômico nacional. E foi nessa conjuntura que surgiu a personificação do projeto de industrialização do país, na figura do gaúcho Irineu Evangelista de Sousa (1813-1889), o Barão de Mauá.

O Barão de Mauá, o maior empresário brasileiro da sua época, quiçá de hoje, ficou muito rico empregando o trabalho assalariado, no lugar da mão-de-obra escrava, somado a uma excelente capacidade de gerar e acumular negócios.

Inovações como estradas de ferro, iluminação a gás, encanamento de esgoto e a indústria naval foram alguns dos diversos investimentos arranjados. A renovação urbana tomava espaço, ruas largas, hospitais e prisões, pontes e túneis, elevadores e bondes passavam a fazer parte do cenário urbano. Com o transporte, as cidades cresceram e evoluíram. Engenheiros como André Rebouças (1838-1898) tiveram participação nas obras, em especial na luta pela substituição da mão de obra escrava por uma assalariada.

É comum, entre historiadores simpáticos à Monarquia, como também à figura de Dom Pedro II, apresentar-se um retrato otimista da história econômica do período imperial brasileiro. Nesses casos, se ressaltam os avanços em infraestrutura e as inovações tecnológicas, impulsionadas e patrocinadas pela Coroa. Entram na lista realizações como construção de estradas de ferro, adoção de iluminação a gás, encanamento de esgoto e a implementação da indústria naval, a renovação urbana, trazendo ruas largas, construção de hospitais e prisões, pontes e túneis, elevadores e bondes, que passam a fazer parte do cenário urbano. A implementação dos transportes favorece o crescimento das cidades.

Entretanto, há limites para a "pujança" econômica do Brasil Império.

Sob o ponto de vista do PIB, é evidente a prosperidade do país ao longo do século XIX, acentuada após 1870. No agregado, entre 1820 e 1890, a economia brasileira quase quadruplicou: durante o apogeu do Império, especialmente a partir do fim da Guerra do Paraguai, o crescimento econômico brasileiro teve ritmo comparável ao norte-americano e europeu. Todo esse avanço – condicionado às dimensões continentais das cifras e à centralização das rendas na Coroa – permitiu grandes investimentos em obras de infraestrutura e inovações tecnológicas, visíveis, principalmente, na capital do país.

Os problemas, porém, começam quando comparamos esse crescimento ao de nossos vizinhos latino-americanos e relativizamos os números ao nível *per capita*.

Dentre as nações que dispomos de dados – Brasil, México, Argentina e Uruguai –, todas apresentaram um semelhante ritmo de crescimento do PIB no mesmo período – inclusive, a mesma acentuação a partir da década de 1870. Pelas dimensões continentais brasileiras – vantagem não usufruída por nossos vizinhos platinos – o valor nominal de nosso crescimento é, naturalmente, soberano. O ritmo do crescimento, entretanto, é inferior ao observado. Por exemplo, na Argentina de 1870 a 1890, os nossos vizinhos viram a sua economia crescer 300%, enquanto por aqui assistiu-se a um salto menor, qual seja, de 60%. A comparação com o México é ainda mais desfavorável: o Brasil entrou a década de 1870 com um PIB superior ao mexicano, mas perdeu a vantagem, sendo ultrapassado em 1878, chegando atrás em 1890 – a despeito da diferença territorial entre as duas nações.

No nível *per capita*, o Brasil passou de protagonista a pária. Em 1820, o PIB brasileiro *per capita* era de US$ 646; em 1890, chegamos a US$ 793, um crescimento de 22% em 70 anos. No México, o crescimento durante o mesmo período foi de 33% (chegando a US$ 1.011 em 1890). Na Argentina, entre 1870 e 1890, 63% (com US$ 2.147 em 1890). No Uruguai, também entre 1870 e 1890, o número alternou-se entre altos e baixos, mas em um patamar muito mais elevado: US$ 2.180 em 1870, e US$ 2.151 em 1890. Dentre as cinco nações analisadas, o Brasil teve o menor crescimento e o menor valor nominal ao final da série histórica.

Por ser uma comparação entre um país escravista e quatro países onde a escravidão já havia sido abolida, poderíamos ser levados a crer que, por termos uma parcela significativa da população apartada da distribuição de riqueza, a comparação mais correta deveria ser calculada com o PIB *per capita* brasileiro distribuído apenas entre a população livre. O fato é que, mesmo com esses descontos, o Brasil ainda chegaria ao final da série histórica com o menor número entre os cinco países analisados: US$ 825 em 1887.

Haja vista esse cenário, é necessário repensar o balanço econômico de nosso período imperial, tendo em vista a sua relativa estagnação comparada à de nossos vizinhos, em oposição à interna.

Mesmo com esses dados mais rigorosas que dispomos hoje, o Império era visto como uma nação moderna. "Nós tivemos uma economia pujante ao final do século XIX, uma Marinha Mercante vastíssima e respeitável, um sistema político de respeito, que se fazia respeitar em todos os cantos do mundo. Vivíamos uma *Belle Époque* brasileira", analisa Luiz Philippe de Orleans e Bragança.

O país contava com linhas telegráficas articulando todas as capitais e cidades mais importantes. A cidade de Petrópolis ganhou destaque pela arte e beleza. E foi nesse ambiente que a cultura brasileira floresceu. A música e a literatura coloriam o imaginário popular, como já observamos com Carlos Gomes.

Mas havia mais, por exemplo, nomes como Machado de Assis, sobre quem é difícil falar, porque muito já foi dito a seu respeito. Machado foi fundador da Academia Brasileira de Letras, mas nasceu "mulatinho no morro do Livramento. Foi um menino pobre que se desenvolveu órfão, perdeu a irmã e foi decisivamente marcado pelo luto. E ele teve um processo ímpar de autoeducação, sendo frequentador assíduo do Real Gabinete Português de leitura", retrata o pesquisador Thomas Giulliano.

Algo incrível de se pensar quando examinamos que era alguém sem formação, sem berço de ouro e que conseguiu se tornar um dos maiores escritores brasileiros por meio de trabalhos informais que o municiaram de instrução e leituras.

Outro aspecto poucas vezes lembrado é que Machado de Assis foi envolvido com as grandes questões do Brasil. A leitura que ele teve de nosso país foi uma leitura extremamente profunda e que está nas linhas e entrelinhas de suas obras.

"Seus textos, por exemplo, o conto *Pai contra Mãe* e o *Caso da Vara*, explicitam os absurdos do próprio sistema escravocrata. Ele não sossegou, como muitas vezes o acusam. Machado foi um homem que se preocupou com as coisas dos homens", diz Thomas Giulliano.

Não somente o lado social estava presente, assim como o aspecto humano. Havia uma quase análise antropológica, próxima ao metafísico, de quem bem compreendia o comportamento humano. Nesse sentido, Thomas Giulliano acredita que "a pergunta que Machado fez à sua alma não foi 'por que sou negro?', mas 'por que nasci?' Essa era a angústia de Machado. Era uma angústia humana, não uma angústia social".

5.2. A QUESTÃO RELIGIOSA

No contexto da atuação política, Dom Pedro II teve grandes méritos. Para Thomas Giulliano, ele estabilizou a nossa economia, fez o Brasil um protagonista internacional, foi um homem de grande retidão fiscal. Porém, na questão religiosa, ele atuou muito mal; perdeu o apoio da Igreja e, perdendo a Igreja, perdeu a Coroa.

"O Brasil tinha herdado de Portugal dois institutos de relação Estado-Igreja. Pela constituição de 1824, a igreja oficial era a Igreja Católica Apostólica Romana. Os dois institutos a que me refiro são o beneplácito e o padroado", diz Rafael Nogueira. Em linhas gerais, o padroado era a prerrogativa de o Estado (o imperador) gerir a Igreja na nomeação dos cargos eclesiásticos. O segundo instituto era o beneplácito, que reservava ao imperador a aprovação ou não de uma ordem ou bula papal, para que fosse ou não cumprida no país. O clero, no Brasil, não teria a menor autoridade, nem aquilo que o Papa dissesse, sem que o imperador autorizasse. Em resumo, o imperador era o chefe da Igreja no país.

Desde 1848, a Igreja em Roma vinha condenando uma série de "liberdades modernas", endurecendo o cumprimento da disciplina religiosa por parte dos padres e, principalmente, reivindicando a maior autonomia perante o Estado – o que, logicamente, se chocava com os institutos do padroado e o beneplácito. Por esse motivo, vários conflitos entre o Estado brasileiro e a Igreja local se deram ao longo da segunda metade do século XIX, e a questão religiosa representou o ápice dessas crescentes tensões.

A bula papal *Syllabus* (1864) e o *Concílio Vaticano I* (1869-1870) reafirmaram a posição da Igreja de Roma no combate às instituições que defendiam a secularização e o anticlericalismo. Sendo assim, a maçonaria, obviamente, deveria ser combatida.

Utilizando esse pretexto, em 1872, o bispo de Olinda, Dom Vital (1844-1878), que ganhou notoriedade nacional, decidiu proibir o ingresso de maçons nas irmandades religiosas. Estava posto o estopim do que ficou conhecido como a questão religiosa.

Em 2 de fevereiro de 1873, Dom Vital, em uma carta pastoral, negou a legitimidade de se exigir o beneplácito. Desta forma, o bispo incorreu em dois dos crimes que estavam tipificados no código criminal do Império: recorrer a uma entidade estrangeira e desobedecer às ordens do imperador.

Dom Pedro II deu ordens para que Dom Vital fosse preso e submetido a trabalhos forçados. Isso jogou a Igreja contra o Imperador, mas, paradoxalmente, ele ganhou apoio dos católicos que eram maçons. A maçonaria e a Igreja começaram a brigar.

Neste ínterim, o gabinete do primeiro-ministro foi substituído. Com a situação se agravando, Dom Pedro II depositou sua confiança no homem que o servira em conflitos anteriores. Mas o Duque de Caxias condicionaria a aceitação ao cargo com uma condição.

Duque de Caxias mostrou ao imperador que a única solução para se evitar uma crise aguda estava na anistia incondicional dos bispos. Dom Pedro seguiu essa linha de raciocínio, libertou os bispos, desculpou-se pela atitude, mas a rusga com a população católica permaneceu. Nisso se formou uma oposição considerável do clero e dos fiéis em relação a Dom Pedro e à monarquia. Segundo Olavo de Carvalho, esse retrocedimento em favor da Igreja "foi um erro monstruoso cometido pelos imperadores, o que acabaria por se virar contra eles mesmos".

Com a anistia dos bispos envolvidos na celeuma, a substituição do então primeiro-ministro José Maria da Silva Paranhos (1819-1880), o Visconde do Rio Branco (que era maçom), e uma extensa negociação entre a Coroa e o próprio Papa. Como decorrência dessa negociação, o sumo pontífice suspendeu as proibições aplicadas aos maçons no Brasil.

5.3. JOAQUIM NABUCO

Um nome inescapável da segunda metade do século XIX brasileiro, foi Joaquim Nabuco. Segundo o pesquisador Thomas Giulliano, falar de Nabuco, "falamos de alguém que nasceu em um ambiente aristocrático, vindo de formação muito ligada à elite econômica do próprio tempo".

Nabuco se deparou, ainda menino, com um escravo clamando pelo acolhimento de sua madrinha, que tinha fama de ser uma boa senhora. "Naquele momento, Nabuco percebeu a realidade do Brasil e quando enxergou o clamor daquele escravo, ele enxergou o clamor de um país", analisa Giulliano. "Nabuco sempre será o menino do Engenho de Massangana, no município do Cabo de Santo Agostinho, em Pernambuco, porque o encontro com aquele escravo foi decisivo para os rumos que a sua vida tomou, bem como para a sua formação política", conclui.

A visão do escravo clamando por acolhimento foi como a queda de Paulo na estrada de Damasco. As escamas caíram dos olhos de Nabuco e aquele instante foi decisivo para que ele entendesse que tinha uma missão. A missão não era apenas com o escravo que clamou por acolhimento, mas com todos os escravos e com os problemas sociais de nosso país. Essa consciência foi tão marcada em si que, mesmo morando fora do país, ele não se esqueceu dos nossos dilemas.

Desde o início da sua formação acadêmica, já maduro, ele se dedicou à defesa dos escravos. Foi perene o impacto da experiência no Engenho de Massangana em suas primeiras atividades profissionais. Ele estudou, retornou ao Rio de Janeiro, se tornou advogado, diplomata e converteu ao catolicismo. Nabuco se tornou monarquista, mudou suas concepções políticas, sem nunca se esquecer o momento que eternizou o menino do Engenho de Massangana quando, sentado em uma escada viu o clamor de um ser humano.

A abolição marcou a carreira de muitos personagens do Parlamento brasileiro, sobretudo os que encabeçaram o movimento, entre elas Nabuco. A família imperial também acompanhava o movimento, tendo a frente a princesa Isabel.

"Inclusive, Dom Pedro II, para que o seu exemplo público fosse visto como um símbolo abolicionista, não andava com escravos na rua. Ele deu ordens para se abolir aquela coisa de andar com escravos carregando-o. Por seu exemplo, ele tentava contagiar a sociedade brasileira e os próprios escravocratas para que a abolição se tornasse uma realidade", diz Bruno Garschagen.

A primeira tentativa de tocar no assunto aconteceu ainda no Período Regencial, quando se tentou reduzir a escravidão, através da repressão ao tráfico negreiro. A Lei Feijó de 1831 proibia a importação de escravos, além de declarar livres todos os cativos trazidos para terras brasileiras a partir daquela data. Mas ela foi ignorada durante décadas, devido à falta de fiscalização. Por isso, aquela lei ficou conhecida como "lei para inglês ver".

Segundo Rafael Nogueira, "em 1850 entra em cena a famosa Lei Eusébio de Queiroz, que não foi 'para inglês ver', e o governo resolveu cobrar a sua execução. A partir de então, o tráfico foi extinto. E depois disso teve a lei que dizia que todo negro nascido de mãe escrava seria livre, que é a Lei do Ventre Livre", em 1871.

Além da Lei do Ventre Livre houve a Lei dos Sexagenários ou Lei Saraiva-Cotegipe, de 1885, que garantia liberdade aos escravos com sessenta anos de idade ou mais, cabendo aos ex-proprietários uma indenização. A Lei do Ventre Livre tinha pesadas limitações: a criança nascida "livre" deveria ficar sob os cuidados do senhor até completar 8 anos de idade. E, então, o proprietário poderia escolher entre libertá-la mediante uma indenização do Estado (o governo dificilmente teria dinheiro para arcar com essas indenizações), ou utilizar os serviços do menor até os seus 21 anos de idade. A Lei do Ventre Livre teve mais um impacto simbólico do que prático.

No Parlamento brasileiro, defrontavam-se abolicionistas e escravocratas e, desse embate, emergiu a síntese do gradualismo. Há quem enxergue um "projeto de emancipação" gradual, conduzido pelo imperador, entre os anos de 1850 e 1871, dada a aproximação de Dom Pedro II ao abolicionismo durante esse intervalo. Mas a existência desse projeto é apenas hipotética.

Evidentemente não se poderia decretar, pura e simplesmente, a abolição. Aquela era uma questão que, embora se tratasse de um aspecto ou causa social, tinha que passar pelo Parlamento, como desdobramento das decisões políticas que aqueles que decidissem enfrentá-las poderiam colocar muito do seu capital político a perder, analisa Thomas Giulliano.

Em meio ao extenso debate das ações abolicionistas, a opinião pública e a classe política se dividiam entre aqueles que eram contra a abolição e os que eram a favor. Havia ainda um terceiro grupo, que vislumbrava uma abolição gradual, a fim de não gerar crise por falta de mão de obra na lavoura. O Brasil, de forte tradição agrária, tinha em seus fazendeiros um setor importante da sociedade e da economia. Seus poderes de influência perante a Coroa eram fortes e o fato de a economia estar baseada neles, assegurava-lhes que suas opiniões teriam valor aos ouvidos do imperador.

Cada um dos grupos, abolicionistas e escravocratas, justificava suas posições de determinadas maneiras. "Por exemplo, havia escravocratas que defendiam a preservação da escravidão, porque a ruptura desse sistema, a abolição de uma hora para outra, faria com que o país se diluísse, que entrasse num processo de ruptura e o Brasil se transformaria no que se transformaram as colônias espanholas", analisa Bruno Garschagen. Os abolicionistas, liberais e conservadores, diziam que eram um absurdo se manter o sistema no país, uma vez que outros países já tinham abolido a escravidão e o Brasil mantinha essa infâmia que manchava a sua história.

O cientista político Luiz Felipe D'Ávila considera que acelerar processos políticos, como no caso da abolição, poderia causar o esgarçamento da malha social e Bruno Garschagen entende que um longo processo de negociação com as elites políticas foi o que resultou em leis que promoveram a transição até que a abolição fosse promulgada.

Dom Pedro II estava muito doente no final de seu governo. Com a saúde cada vez mais frágil, os médicos recomendaram que ele fizesse o tratamento na Europa. Partindo em junho de 1873, em meio a grandes saudações da população, assim como seu pai havia feito anos antes, Pedro II deixou o futuro do Brasil nas mãos de uma mulher, a sua filha, a princesa Isabel. "Tudo o que ela pôde fazer nos bastidores da política e publicamente, ela fez, para que a abolição fosse uma agenda vencedora", diz Bruno Garschagen.

Segundo Rafael Nogueira, Dom Pedro tinha diversos motivos pelos quais queria ver a abolição acontecer, e a princesa teve uma oportunidade de tentar mostrar ao povo brasileiro que o Terceiro Reinado seria de caráter mais humanitário, e que ela tinha postura de rainha. Mas ela teria que enfrentar setores muito fortes do organismo social brasileiro, no caso de assinar uma lei na ausência do pai.

Segundo o jornalista e escritor Aristóteles Drummond, quando disseram a ela que poderia estar assinando a abolição e o fim da monarquia, a princesa Isabel respondeu que pagaria qualquer preço para libertar aqueles homens. Não faz sentido, portanto, que o movimento negro queira apagar a figura da princesa da história da abolição, que pressionava politicamente a abolição.

Avô e pai, Dom Pedro I e Dom Pedro II, eram declaradamente abolicionistas, e todas as leis abolicionistas, inclusive a Lei da Abolição, foram feitas nos gabinetes conservadores.

Sabe-se que a escravidão não era só uma questão imoral e antiética, era ineficiente economicamente, pois um trabalhador assalariado trabalha mais e com mais incentivo do que um escravo, consequentemente aumentando a produção.

A escravidão é o grande calcanhar de Aquiles da história brasileira, e a forma como ela foi superada é motivo de orgulho. As notícias sobre a assinatura da lei pela princesa Isabel logo invadiram os corredores do palácio e infestaram as ruas da capital imperial, cativando a todos[29].

Foram dias e mais dias de festa, comemorações, semanas de festividades, discursos, bailes em homenagem ao final da escravidão e à Redentora. As ruas logo foram tomadas em uma confraternização jamais vista. Era o dia do aniversário de Dom João VI, aquele que transformou essa terra em nação. Alguém que adorava tanto o Império tropical que chorou em sua partida sem volta. Naquele dia, pelas mãos da bisneta de Dom João VI, um povo inteiro se redimia.

Evaristo de Moraes (1871-1939), socialista histórico brasileiro, responsável por várias defesas feitas em favor dos trabalhadores, inclusive tendo colaborado para a elaboração da Consolidação das Leis do Trabalho (CLT), foi testemunha ocular desse solene 13 de Maio, espelha uma cena inesquecível:

> Fora o Paço invadido por pessoas de todas as classes sociais. Derredor do edifício, moviam-se para mais de cinco mil pessoas, presas de entusiasmo, nessa ânsia conhecida de expansão que exprime o transbordar das almas em festa. Penetrou a Princesa no Paço acompanhada do marido, o Conde d'Eu, e dos ministros da Agricultura e do Império, dirigindo-se para a sala do trono [...]. Para assinatura da sanção, o povo oferecera à Princesa uma rica caneta de ouro, ornada de pedras preciosas, da qual ela se utilizou, no

---

29 Lei 3.553 de 13 de maio de 1888, artigo primeiro: "É declarada extinta a escravidão no Brasil".

> meio de aplausos delirantes. Não transpareciam, naquele instante, distinções de classes, nem de partidos; na sala do trono, havia representantes de todas e de todos. Os ministros, muitos senadores, muitos deputados, membros do corpo diplomático, altas autoridades administrativas e judiciárias se acotovelavam com simples homens do povo. Assinado o decreto, ouviam- se aclamações nas janelas do Paço e na rua. Tinha a alegria, em muitas faces, uma das suas manifestações mais expressivas: as lágrimas. Vimo-la no rosto de José do Patrocínio, quando, como alucinado, se atirou aos pés da Regente, procurando beijá-los. De joelhos, com voz convulsa, pronunciou o extraordinário propagandista algumas palavras, cheias de gratidão. Lá estava, também, Joaquim Nabuco – e força era que estivesse, como propulsor da campanha parlamentar. Foi ele quem, de uma sacada, comunicou ao povo não mais haver Escravidão no Brasil.[30]

Aquilo que Bonifácio projetara para o seu país, mais uma vez se cumpria. Nas reuniões da Constituinte, em 1823, o velho sábio havia apresentado um projeto de gradual extinção do regime escravagista, chamando a atenção para os benefícios econômicos e humanitários que o país teria ao mudar o sistema dos escravos para o trabalho livre.

Se vivo estivesse, José Bonifácio não perderia a grande festa que corria aos quatro cantos do Império. Do mesmo modo, Pedro I não hesitaria em cumprimentar a seu filho e sua neta pelo grande ato. Por meio de suas correspondências, o primeiro imperador jamais escondeu a intenção de abolir o nefasto sistema e dizia saber que o seu sangue era da mesma cor que o dos negros.

---

30 MORAES, Evaristo de. *A Campanha Abolicionista (1879-1888)*. Garibaldi: Clube Rebouças, 2021, 3ª ed., p. 12.

E aquele foi um momento de união e festividade para todos os brasileiros. Desta vez, não pela guerra, mas pela confraternização de um povo que, finalmente, chegava à conquista de considerar todos iguais perante a lei.

Os jornais da cidade espalhavam as proclamações de festa que duraram uma semana. Missas, bailes, passeatas e fogos de artifício tomaram o Rio de Janeiro por vários dias. Machado de Assis, cujos avós paternos foram escravos, declarou em sua coluna do jornal *Gazeta de Notícias* que fora o único dia de delírio público que lembra de ter visto.

De fato, foi o maior evento do Segundo Reinado. Reuniu um número inimaginável de pessoas. Nas imagens fotográficas produzidas na ocasião, é possível identificar certos personagens da vida pública nacional, como Machado de Assis, dentre tantos outros.

Aquele episódio consagrou a biografia de grandes personagens de nossa história, aqueles meninos que cresceram no Brasil viam, agora, o seu apogeu. Mesmo tendo seguido diferentes caminhos em suas formações e trajetórias de vida pública, eles foram levados a se reunirem na gloriosa redenção. Todos os esforços que os projetaram para o mundo se ofuscam ao estarem presentes na tão solene celebração.

Em reconhecimento à abolição, José do Patrocínio (1853-1905) criou a chamada Guarda Negra, um grupo militar formado por ex-escravos, com o propósito de combater os ativistas contrários à Monarquia, a Isabel e a abolição. Carlos Gomes compôs a grande ópera *Lo Schiavo*, em homenagem a Isabel, um grande sucesso na época. Isabel foi condecorada com a Rosa de Ouro, pelo Papa Leão XIII, vindo a ser a única brasileira a receber a honraria. Quando formou a Sociedade Brasileira contra a Escravidão, em 1880, Joaquim Nabuco, juntamente com José do Patrocínio e André Rebouças – o primeiro engenheiro negro a se formar na Escola Militar, se imbuiu do dever moral de combater a grande mancha que toldava o sol brasileiro. O destino selado por nossos homens não fez justiça aos erros do passado, mas desobstruiu a garganta que agora celebrava em alta voz a liberdade.

"Se a escravidão está morta, se não há nada que a possa ressuscitar e se, por outro lado, o que vem atrás dela é a abundância e a fertilidade, é preciso abreviar o mais possível o terrível interregno que estamos atravessando da escravidão para a liberdade". – Joaquim Nabuco.

5.4. O ANO DE 1889

Enquanto se celebrava a conquista abolicionista, já se reuniam os donos das grandes fazendas, que eram o motor e centro da economia, o Exército e parte da maçonaria. Naquele momento, nuvens carregadas se viam no horizonte.

"Os militares voltaram da Guerra do Paraguai muito ressentidos com o *status* baixo em que se posicionavam na sociedade brasileira. Como funcionários públicos, eles eram equiparados aos escalões mais baixos", analisa Bolívar Lamounier, cientista político.

Não somente os militares se revoltaram, como também os donos de escravos, por causa da libertação, de modo que Pedro II conseguiu juntar diferentes grupos contrários a ele.

Do ponto de vista das filosofias, das ideias em jogo, ganhavam espaço o positivismo e o federalismo, à imitação dos Estados Unidos. As teses americanistas e as teses positivistas circulavam na mentalidade brasileira do Segundo Reinado. Vindo diretamente da França, o positivismo de Auguste Comte (1798-1857) achou espaço entre os militares. Entre seus ideais estava o do fim da monarquia e da necessidade de se ter uma sociedade racional e planejada por tecnocratas.

Entre os pontos de maior recepção e expansão das ideias positivistas estava a Escola Militar do Rio de Janeiro, em Realengo. Beirava a uma doutrinação positivista junto à juventude militar, que muito bem a aceitaria.

E por que o positivismo foi atraente para os militares? Distante de um pensamento revolucionário, como o marxismo, ele tem algo de revolucionário ao querer refundar os sentidos da sociedade por meio de uma visão teórica, beirando o filosófico.

Para Olavo de Carvalho, "as ideias do positivismo impregnaram tão fundo na cabeça dos nossos militares, que de certo modo estão nelas até hoje".

Como disse Alexis de Tocqueville (1805-1859), a história é uma galeria de quadros onde há poucos originais e muitas cópias. A história acabou por encontrar o Brasil, no símbolo centenário da Revolução Francesa, a redefinição do destino de um povo. Os interesses de poucos sequestraram o futuro de muitos.

No início do século XIX, quando a Família Real portuguesa se instalou no Rio de Janeiro e fundou o Império Brasileiro, foi plantada uma semente. Essa semente foi cuidada para que crescesse em terra fértil e desse bons frutos. Ela cresceu, frutificou e obteve vigor sem igual. Porém, não se pode dizer o mesmo sobre os países que cercavam o Brasil, cujas sementes cresceram entre pedras e não formaram raízes firmes ou cujos destinos foram sequestrados e se perderam.

Enquanto a América Latina era um conglomerado de repúblicas que sofriam sucessivos golpes, infestadas por ditadores guerreando pelo poder, o Brasil era uma Monarquia Constitucional. A Coroa, o Parlamento e a Justiça eram instituições sólidas e alicerçadas no Estado de Direito, nos princípios constitucionais e nas práticas democráticas. Porém, no final do mesmo século, foi a vez de o Brasil ter a sua semente roubada, a exemplo das nações vizinhas.

As insatisfações de alguns setores da sociedade não seriam, por si mesmas, motivos suficientes para levar à queda da monarquia. Mas interesses escusos agregariam os diferentes descontentamentos e se cometeriam um atentado à vontade do povo.

Impregnados pela mentalidade positivista, os republicanos se esforçavam por disseminar as suas ideias por todas as vias, porém, sem sucesso. A ideia de República não era aceita pela população brasileira. Os candidatos do partido republicano raramente se elegiam para algum cargo no Império. Tendo em vista que os republicanos não tinham apoio da população, a única maneira de tomar o poder seria através de um golpe militar.

As chances de sucesso desse golpe eram mínimas, pois a Marinha do Brasil era extremamente fiel ao Império. A única esperança dos republicanos estava depositada no marechal Deodoro da Fonseca, herói da Guerra do Paraguai, mas que estava insatisfeito com o desprestígio que a Monarquia tinha em relação ao Exército. A tarefa do golpe não seria fácil, pois Deodoro era amigo pessoal do imperador.

Então, o major Sólon Ribeiro (1839-1900) colocou em prática uma armadilha para cooptar Deodoro. Sólon fez circular uma história inverídica de que o governo havia mandado prender Deodoro da Fonseca junto com Benjamin Constant (1836-1891) e o próprio Sólon Ribeiro. Os boatos provocaram o efeito desejado. Revoltadas, as tropas se rebelaram nos quartéis. Foi quando o presidente do Conselho de Ministros, Affonso Celso de Assis Figueiredo, o Visconde de Ouro Preto (1836-1912), tentou falar com os chefes militares para apaziguar a situação nos quartéis, tendo sido ignorado.

Na manhã do dia seguinte, o marechal Deodoro e suas tropas marcharam até a frente do quartel general onde estava o Visconde de Ouro Preto, perseguidor do Exército. Sob ameaça, Deodoro expulsou o ministro do cargo.

Como diz Rafael Nogueira, o recado dado foi que "o Exército, armado, estava nas ruas, sem nenhum apelo popular, indo avisar um ministro que 'aqui você não tem mais o cargo, e não se atreva a retomá-lo. Sobre Dom Pedro II, a gente vê o que faz'".

Apesar de ter mostrado firmeza ao destituir o ministério, a queda da Monarquia ainda não tinha sido anunciada. Os republicanos temiam que Deodoro poderia se entender com o imperador e formar outro gabinete apenas para substituir o Visconde de Ouro Preto. Se isso acontecesse, seria a morte do ideal republicano. Era necessário agir rápido.

"Os positivistas e os revolucionários republicanos pensavam que se não dessem o golpe num período muito curto após a abolição da escravidão, eles perderiam as suas bandeiras ideológicas. Quais eram as suas bandeiras? O Federalismo, que era para onde já estava caminhando a Monarquia, e o fim da escravidão, que foi abolida pelo Império", analisa o cientista político Luiz Felipe D'Ávila.

Em vez de se dirigir ao palácio imperial em Petrópolis, onde estava Dom Pedro, Deodoro voltou para a sua casa. Ele estava doente e precisava descansar dos acontecimentos daquela manhã. Aproveitando-se de suas fraquezas, os republicanos viram uma oportunidade para executar o golpe. Redigiram, então, a moção da Proclamação da República, em que Deodoro seria nomeado chefe do governo provisório. Os revolucionários foram até a casa de Deodoro para tentar convencê-lo de assiná-la. A fim de garantir a assinatura, os republicanos tinham de contar mais uma mentira.

E no entardecer do dia 15 de novembro, contaram ao marechal Deodoro que Dom Pedro II havia convidado para a presidência do novo Conselho de Ministros Silveira Martins (1835-1901). Era uma jogada de mestre, pois o político gaúcho era inimigo do marechal. Não precisou de mais. Deodoro exclamava: "Esse não! Por nada nesse mundo!".

Quando Deodoro fora comandante da praça de Porto Alegre, cargo equivalente ao governo do Estado, ele havia disputado com Gaspar Silveira Martins os amores da filha do Barão do Triunfo (1807-1869), José Joaquim de Andrade Neves. A filha do Barão, a Baronesa do Triunfo, Maria Adelaide Andrade Neves

Meireles, preteriu-o, ficando com Silveira Martins. Assim sendo, haviam conseguido convencer Deodoro a assinar o documento da Proclamação da República. Quem diria que a República brasileira viria de uma disputa pelo amor de uma mulher?!

Mais tarde, o grupo se dirigiu à Câmara Municipal, onde proclamaram a República. Na improvisada cerimônia, com a falta de símbolos genuinamente brasileiros que representassem o novo regime, foi preciso improvisar. Não por coincidência, foi executado o Hino Nacional da França, berço dos revolucionários, e foi hasteada uma bandeira que imitava a dos Estados Unidos, mas substituindo as cores originais pelo verde e amarelo.

Em Petrópolis, Dom Pedro recebeu o telegrama de Ouro Preto relatando os acontecimentos. Dom Pedro II, com a saúde fragilizada, percebeu que a situação estava insustentável.

No dia seguinte, os republicanos decretaram a expulsão da Família Imperial do Brasil, determinando um prazo de 24 horas para que o imperador deixasse o país. Dom Pedro aceitou o ultimato dos republicanos com frieza. Temendo revoltas populares em apoio a Dom Pedro e à Monarquia, o novo governo republicano decidiu antecipar o embarque da família o mais breve possível.

A Família Imperial foi embarcada em um navio rumo à Europa, às três horas da madrugada, porque os militares temiam uma revolta popular, se o povo soubesse o que realmente havia acontecido. "Com isso, acabaram deportando a Família Imperial e rompendo completamente os laços que nos mantinham ligados à Coroa portuguesa", analisa Percival Puggina.

Nascia, assim, o regime republicano, às pressas, escondido, em meio a trapaças, em meio a mentiras, e sem nenhum apoio da população.

Conforme Luiz Felipe D'Ávila "a República, podemos dizer, foi um golpe mal planejado. No fundo, o que houve foi um golpe para derrubar o ministério de Ouro Preto. Toda a conspiração já estava sendo feita pela ala positivista, ou seja, o médio escalão do Exército que, na verdade, já havia mobilizado as tropas para que a deposição do governo Ouro Preto se transformasse no golpe militar".

O manifesto que o governo provisório divulgou naquela noite anunciava que o Exército tinha declarado a deposição da Família Imperial e o fim da Monarquia, mas em nenhum momento mencionava a palavra República. Na noite do dia 15, Benjamin Constant afirmou que no momento oportuno a nação seria consultada sobre a troca de regime.

A consulta prometida aconteceria somente um século mais tarde, em abril de 1993, ou seja, 103 anos após o 15 de novembro de 1889. Somente no final do século seguinte é que os brasileiros, finalmente, foram chamados a decidir se o Brasil deveria ser uma Monarquia ou uma República. Tivemos, portanto, 103 anos de uma República provisória.

Como sintetiza o pesquisador Thomas Giulliano, "a estabilidade foi uma grande marca da nossa Monarquia, marca ímpar. Ela nasceu e ela morreu com a mesma Constituição, portanto, ela morreu de forma digna, com Dom Pedro II carregando um punhado de terra brasileira dentro de uma fronha. Ela morre com a abolição".

Além disso, é possível acrescentar que a Monarquia brasileira morreu com homens irreparáveis na sua conduta pessoal, inclusive, quando comparado com nomes da nossa própria história, os nomes do período são referências na conduta particular. Todos eles saíram de cena com respaldo popular, "respaldo que não se justificava apenas à luz da elite. Muito pelo contrário. A popularidade de Dom Pedro II era saliente. Inclusive o próprio termo 'Proclamação da República' é, sim, um atentado, é uma verborragia, não há movimento popular, não há uma 'Queda da Bastilha' brasileira. Muito pelo contrário, as pessoas enxergando assim, perplexas, se tivessem tentado mobilizar belicamente uma resistência, teriam conseguido. A Marinha, por exemplo, era monárquica", analisa Giulliano.

Rafael Nogueira acredita que Dom Pedro II aceitou o exílio, nas condições impostas, isto é, a saída em 24 horas, para não criar uma guerra fratricida. No entanto, ele rejeitou o dinheiro que lhe foi oferecido.

Deodoro conhecia Dom Pedro II o suficiente para compreender a sua idoneidade e que não havia lesado os cofres públicos. Portanto, ao saber que ia embora sem dinheiro, enviou um emissário para que oferecesse uma quantidade grande o suficiente para viver o fim de sua vida. Dom Pedro II então perguntou de onde vinha tal quantia. O emissário respondeu que era do Tesouro e por ordem do marechal Deodoro. Então, o ex-monarca quis saber se aquela decisão havia sido votada no Parlamento. Ao descobrir que não, Dom Pedro II agradeceu e não aceitou.

Percival Puggina avalia que se estava extinguindo a única democracia existente na América do Sul, já que as demais nações da região eram todas "terras de tiranetes". O presidente da Venezuela na ocasião, Rojas Paúl (1826-1905), quando soube da queda da Monarquia brasileira, disse: "Este é o fim da única República que jamais existiu na América". Com isso, "o Brasil deixou quatro séculos de legado, tudo aquilo que maturou o pensamento e o desenvolvimento político do país, tanto no seu desenvolvimento constitucional quanto de seus grandes debates. E toda essa maturidade que foi gestada durante o século XIX, ficou para trás, à luz da expectativa de um futuro que até hoje não chegou", avalia Thomas Giulliano.

Pedro II morreu em Paris em 1891, dois anos após o golpe. Exilado com a família, viveu seus últimos anos solitário. Em seu quarto de hotel, foi encontrada uma caixa com a mensagem: "É terra de meu país. Que seja posta em meu caixão se eu morrer fora da minha pátria".

Após o exílio, o governo republicano aboliu as pensões da Família Imperial, sua única fonte de renda. Pedro II recebeu auxílio de amigos na Europa, onde viveu os seus últimos dias.

Machado de Assis morreu no Rio de Janeiro, em 1908, dezenove anos após o golpe. Sua obra está eternizada, sendo considerado um dos grandes gênios da história da literatura.

Carlos Gomes morreu em Belém, em 1896, sete anos após o golpe, em condições financeiras muito difíceis. Convidado a escrever o Hino da República, se recusou em respeito ao amigo, Dom Pedro II. Ele é visto como monarquista, razão pela qual perdeu prestígio e influência no Brasil.

Joaquim Nabuco morreu em Washington, em 1910, vinte e um anos após o golpe. Se retirou da vida pública e dedicou-se a escrever e a representar o Brasil em missões diplomáticas, servindo como Embaixador do país nos Estados Unidos.

REFERÊNCIAS DO CAPÍTULO

ALCANTARA, Mauro Henrique M. de. *D. Pedro II e a Emancipação dos Escravos*. Curitiba: Editora CRV, p. 40-41.

ANGELO, Vitor Amorim de. "Questão religiosa: Igreja e Estado entram em conflito", *in*: *UOL Educação*. Disponível em https://educacao.uol.com.br/disciplinas/historia-brasil/questao-religiosa-igreja-e-estado-entram-em-conflito.htm e acessado em 5/jul/2022.

CALDEIRA, Jorge. *História da Riqueza no Brasil*. Rio de Janeiro: Estação Brasil, 2017, p. 290-97

FAUSTO, Boris; DEVOTO, Fernando. *Argentina-Brasil, 1850-2000 – um ensaio de história comparada*. São Paulo: Editora 34, 2008, p. 31.

FAUSTO, Boris. *História do Brasil*. São Paulo: Edusp, 2015, p. 196.

HAMBLOCH, Ernest. *Sua Majestade o Presidente do Brasil: um estudo do Brasil Constitucional 1889-1934*. Brasília: Senado Federal, 2000, p. 35.

IBGE. *Brasil: 500 anos de povoamento Rio de Janeiro* [População Escrava no Brasil]. Editora IBGE, 2000.

LYRA, Heitor. *História de Dom Pedro II, Fastígio (1825-1891)*, v. 2. Belo Horizonte: Editora Itatiaia, 1977, p. 20.

MADDISON, Angus. *The World Economy*, Historical Statistics, v. 2. Paris: OECD Publishing, 2006, p. 501, 512, 522.

MARTINS, Fernando. "A dor de cotovelo do marechal e a República", *in*: *Gazeta do Povo*, 12/nov/2013. Disponível em https://www.gazetado-povo.com.br/vida-e-cidadania/colunistas/fernando-martins/a-dor-de--cotovelo-do-marechal-e-a-republica-3jr7pv9226o6l9yupxjvm866m/ e acessado em 7/jul/2022.

MORAES, Evaristo de. *A Campanha Abolicionista (1879-1888)*, 3ª ed. Garibaldi: Clube Rebouças, 2021.

PULS, Maurício. *A intelectualidade negra do Império*. *In*: Pesquisa Fapesp, ed. 249

nov/2016, p. 3.

CONCLUSÃO

Embora a humanidade tenha a sua história contada por diferentes e diversas perspectivas, o que sem dúvida alguma é uma história riquíssima, a história de cada povo traz as suas particularidades, o que os tornam tão singulares e os fazem dar uma contribuição incontornável para o avanço da nossa espécie. Assim sendo, a história merece ser contada e, para nós, em especial, a nossa história do Brasil precisa ser conhecida.

Quer fosse pela sorte, pela providência, pela virtude ou por todas essas características juntas, nós chegamos até aqui e, a depender do critério de comparação, chegamos bem. A nossa trajetória reúne nomes, biografias, fatos, acontecimentos, interesses, reviravoltas, tristezas, alegrias, erros e acertos como todas as demais histórias dos povos. Cada vez que olhamos para trás, para a história, lembramos de cada personagem que se somou para compor esse vasto e rico cenário que desemboca em nossos dias e interfere em nossas vidas.

Com tamanho repertório, temos a oportunidade de escolher nossas referências, de aprender com os nossos erros, de elevar o nosso moral. Hoje estamos em uma posição bem marcada no cenário internacional e em alguns aspectos estamos bem à frente dos demais povos.

Não foi fácil, é verdade. Mas em algum lugar, a memória daqueles que nos trouxeram até aqui estará preservada. Onde quer que seja, lá estarão registradas as paixões, os méritos, os sacrifícios e todo o heroísmo da humanidade. Quanto a preservação desse lugar e dessa memória, cabe a nós. Não podemos deixar que destruam nem roubem cada pedra que foi usada para construir os degraus que elevam a nossa civilização.

A memória tem funções diversas para qualquer sociedade, daí uma das razões pelas quais precisa ser preservada e com ela os personagens a que nos referimos. Com a memória, sempre que estivermos perdidos e sem saber para onde ir, recorremos a ela para que aqueles que nos precederam possam nos auxiliar. Sabemos que eles estarão lá, de braços abertos, para nos contar tudo que passaram, para nos mostrar tudo o que sacrificaram para dar um passo além do que parecia possível.

Portanto, a história passa a dizer mais respeito a nós, uma vez que não se trata apenas de não esquecermos de onde viemos. Se trata de não esquecermos para onde estamos indo. E essa é outra importante função da história: nos momentos mais difíceis, ela deve ser lembrada.

Acompanhe a LVM Editora nas Redes Sociais

https://www.facebook.com/LVMeditora/

https://www.instagram.com/lvmeditora/

Esta edição foi preparada pela LVM Editora e por Décio Lopes, com tipografia Adobe Garamond Pro, Cinzel e Montserrat, em dezembro de 2022.